从零开始
学法律

郑婷婷 —— 著 未成年人
法律常识88问

?

中国法制出版社
CHINA LEGAL PUBLISHING HOUSE

图书在版编目（CIP）数据

从零开始学法律. 未成年人法律常识 88 问 / 郑婷婷
著. -- 北京 ：中国法制出版社，2025.1
ISBN 978-7-5216-4301-5

Ⅰ．①从… Ⅱ．①郑… Ⅲ．①法律－基本知识－中国
Ⅳ．① D920.4

中国国家版本馆 CIP 数据核字（2024）第 049019 号

策划 / 责任编辑：成知博（chengzhibo@zgfzs.com）　　　　　封面设计：杨鑫宇

从零开始学法律. 未成年人法律常识 88 问
CONG LING KAISHI XUE FALÜ. WEICHENGNIANREN FALÜ CHANGSHI 88 WEN

著者 / 郑婷婷
经销 / 新华书店
印刷 / 三河市国英印务有限公司
开本 / 880 毫米 ×1230 毫米　32 开　　　　　印张 / 8.75　字数 / 77 千
版次 / 2025 年 1 月第 1 版　　　　　　　　　2025 年 1 月第 1 次印刷

中国法制出版社出版
书号 ISBN 978-7-5216-4301-5　　　　　　　　　　　　定价：29.80 元

北京市西城区西便门西里甲 16 号西便门办公区
邮政编码：100053　　　　　　　　　　传真：010-63141600
网址 : http://www.zgfzs.com　　　　　　编辑部电话：010-63141809
市场营销部电话：010-63141612　　　　印务部电话：010-63141606
（如有印装质量问题，请与本社印务部联系。）

目录
Contents

三、社会生活

四、犯罪刑罚

五、就业权益

一、家庭关系

第 *1* 问

父母离婚，未成年人可以选择和谁一起生活吗？

父母离婚，未成年人能否选择和谁一起生活，需要分情况讨论。

如果父母已经就未成年人的抚养权问题进行了协商，达成一致意见并签订了相关的离婚协议或者抚养权协议，根据法律规定，法院在处理抚养权问题时，会优先考虑父母双方的协议，并且在协议符合未成年人利益的前提下予以认可。然而，如果协议中可能有不利于未成年人健康成长、严重损害未成年人利益等内容，法院将依法予以调整。因此，即便父母已达成协议，未成年人在满足特定条件的情况下仍然可以通过法律途径表达自己的意愿。

如果父母就抚养权的问题不能达成一致意见，双方都想要未成年人的抚养权，并且都有抚养的能力和条件，其中一方诉至法院，请求法院判决抚养权的归属，此时法院会根据不同情况进行裁判。针对未满 8 周岁的未成年人的抚养权问题，一般是遵循有利于子女健康成长的原则，结合父母的生活习惯、经济能力、工作等方面进行判断。针对 8 周岁以上的未成年人，由于正常情况下其心智成熟度及对外界的理解能力已经可以对今后自己随父或随母哪一方共同生活作出判断和选择，在这种情况下，法院会重点考虑尊重未成年子女的真实意愿。

　　未成年人的父母选择离婚时，应尽量本着有利于未成年人健康成长的原则，协商子女的抚养权，以签订协议的方式解决抚养权问题，争取尽量降低对未成年人的心理伤害。未成年人在面对父母离婚时，不要伤心和害怕，父母离婚只是解除他们之间的婚姻关系，父母和你的关系并不会因为离婚而改变，你可以勇敢地把自己的真实想法向父母表达出来，让父母考虑自己的意见。

法律剧场

　　陈先生和李女士在离婚纠纷诉讼中，争夺女儿陈小宝的抚养权，因双方都具有抚养女儿的能力，且陈小宝已满11周岁，法院工作人员来到陈小宝的学校询问其真实意愿：是希望和爸爸生活，还是希望和妈妈生活。在学校工作人员的见证下，陈小宝明确表达了愿意跟随妈妈李女士一起生活的意愿，法院最终尊重陈小宝的个人意愿，判决陈小宝由李女士抚养。

法规之窗

《中华人民共和国民法典》

第一千零八十四条 父母与子女间的关系，不因父母离婚而消除。离婚后，子女无论由父或者母直接抚养，仍是父母双方的子女。

离婚后，父母对于子女仍有抚养、教育、保护的权利和义务。

离婚后，不满两周岁的子女，以由母亲直接抚养为原则。已满两周岁的子女，父母双方对抚养问题协议不成的，由人民法院根据双方的具体情况，按照最有利于未成年子女的原则判决。子女已满八周岁的，应当尊重其真实意愿。

第 2 问

继父已经和母亲离婚，未成年子女成年后还需要赡养继父吗？

成年子女对继父母的赡养问题，不能以继父或继母与母亲或父亲离婚作为判断依据，成年子女是否需要赡养继父母，要分不同的情况讨论。

依据《民法典》的相关规定，一般情况下，形成抚养关系的继子女和继父母之间，在法律上构成一种拟制的父母子女关系。也就是说，如果继父与母亲结婚时子女尚未成年，继父对未成年子女尽到了抚养义务，如共同生活、帮助交学费、购买生活用品、支付医疗费等，那么继父与未成年子女之间的权利义务关系适用父母子女关系的相关法律规定，包括赡养义务，所以未成年子女成年后同样要履行赡养继父的义务。这种权利义务不因继父与母亲婚姻关系的解除而结束，即使继父已经与母亲离婚，也可以在未成年子女成年后要求其承担赡养的义务。

相反，如果继父没有对未成年子女尽到任何抚养义务，则双方之间就没有形成抚养关系，无论继父是否与母亲离婚，子女都不需要对继父承担赡养义务。

法律剧场

小花和小明是兄妹俩，二人尚未成年时，其母亲和父亲离婚后与继父再婚，小花和小明随母亲一同来到继父家，与继父共同生活，继父与母亲一起抚养小花和小明长大。小花和小明成年后，母亲和继父的感情逐渐恶化，最终两人解除了婚姻关系。小花和小明也因此不再和继父来往，也没有对继父尽赡养义务。继父在70岁时，因年老体弱丧失劳动能力，生活困难，表示想要小花和小明给付一些生活费，遭到小花和小明的拒绝后，继父将兄妹二人诉至法院，要求支付赡养费。

法院审理认为，子女对父母有赡养扶助的义务，子女不履行赡养义务时，无劳动能力或者生活困难的父母，有要求子女给付赡养费的权利。二被告系原告的继子女，与原告共同生活时均未成年，原告与被告间形成了抚养关系，二被告应对原告尽赡养义务。现原告年老体弱多病，丧失劳动能力，已无其他收入来源，确需子女赡养，故对原告主张二被告给付其赡养费的诉讼请求，应予支持。

法规之窗

《中华人民共和国民法典》

第二十六条 父母对未成年子女负有抚养、教育和保护的义务。

成年子女对父母负有赡养、扶助和保护的义务。

第一千零六十七条 父母不履行抚养义务的，未成年子女或者不能独立生活的成年子女，有要求父母给付抚养费的权利。

成年子女不履行赡养义务的，缺乏劳动能力或者生活困难的父母，有要求成年子女给付赡养费的权利。

第一千零六十九条 子女应当尊重父母的婚姻权利，不得干涉父母离婚、再婚以及婚后的生活。子女对父母的赡养义务，不因父母的婚姻关系变化而终止。

第3问

孩子父亲已经5年没有给抚养费了，还能起诉吗？

未成年人在父母离婚后，可能会遇到父母一方拒不履行抚养义务也不支付抚养费的情况，此种情况下，未成年人有权通过提起民事诉讼的方式，请求法院判决不履行抚养义务的父母支付抚养费。

实践中，基于对对方的信任或者考虑对未成年人的心理影响，很多直接抚养未成年人的父母一方对于长期未支付抚养费的另一方往往一再忍让，并未向法院提起民事诉讼。例如，问题中的情况，父亲已经5年未支付抚养费，才考虑通过诉讼的方式解决，此时是否已经超过了诉讼时效呢？

一般情况下，向法院请求保护普通民事权利的诉讼时效期间为3年。超过该时效期间的，对方可以已经超过诉讼时效为由提出抗辩，从而达到拒绝支付相应款项的目的。但给付抚养费关乎未成年人的生存发展，有抚养义务的父母如果主张超过诉讼时效便不再支付，未成年人的生活将没有保障。为了保障未成年人的生存权，根据《民法典》第196条的规定，起诉抚养费纠纷不适用3年诉讼时效的一般规定，只要抚养法律关系存在，被抚养人可以随时向法院请求其支付抚养费，不受诉讼时效的限制。

尽管主张抚养费不受诉讼时效的限制，但作为抚养未成年人的父母一方，在遇到对方拒不支付抚养费的情况时，还是建议能够及时通过诉讼的方式解决，尽量在未成年人成年之前向对方主张支付。在主张抚养费的案件中，由未成年人本人作为原告，以拒不支付抚养费的父亲或者母亲一方为被告，另一方的母亲或者父亲作为法定代理人提起民事诉讼。

法律剧场

小花的父母于2002年登记结婚，2003年小花出生，2009年小花6岁时父母协议离婚，协议约定小花归母亲抚养，父亲每年支付抚养费10000元，直至小花满18周岁为止。但自从离婚后，小花的父亲从未给过小花抚养费。直至2013年，小花将父亲作为被告向法院提起诉讼，要求其支付2009年至2013年的抚养费共4万元。小花的父亲主张小花的诉讼请求已经超过3年的诉讼时效，不同意支付抚养费。

法院审理认为，给付抚养费的请求权有别于一般的债权请求权，其实现与否将直接关系到未成年人的生活保障，具有一定的人身属性，不应受到诉讼时效的限制。故对于被告的辩解，法院不予采信，原告要求被告支付2009年至2013年抚养费4万元的诉讼请求，于法有据，予以支持。

法规之窗

《中华人民共和国民法典》

第一百九十六条 下列请求权不适用诉讼时效的规定：

（一）请求停止侵害、排除妨碍、消除危险；

（二）不动产物权和登记的动产物权的权利人请求返还财产；

（三）请求支付抚养费、赡养费或者扶养费；

（四）依法不适用诉讼时效的其他请求权。

第4问

未成年人的父亲意外去世，祖父母可以 争取该未成年人的抚养权吗？

依据《民法典》第26条第1款和第1074条第1款的规定，父母对未成年子女有抚养的义务，而有负担能力的祖父母、外祖父母，对于父母已经死亡或者父母无力抚养的未成年孙子女、外孙子女，同样有抚养的义务。

现实中，祖父母、外祖父母能否抚养未成年孙子女、外孙子女，要看是否符合以下两个条件：一是祖父母、外祖父母有抚养孙子女、外孙子女的能力；二是该未成年人的父母都已经死亡或无抚养能力，或者是其中一方死亡，另一方无抚养能力。

问题中提到未成年人的父亲因意外去世，如果其母亲还在并且有抚养能力的，那么该未成年人的抚养权应该属于其母亲。只有在其母亲也已经去世或者没有抚养能力，祖父母又具备抚养能力的情况下，才可以争取孙子女的抚养权。

另外，当祖父母、外祖父母与未成年人的父母因抚养权问题发生争议时，孙子女、外孙子女已经年满8周岁的，还要考虑未成年人本人的真实意愿。

对于特殊情况下未成年人的抚养权问题，虽然法律有相应规定，祖父母、外祖父母与未成年人的父母之间的抚养权争议可以通过诉讼的方式解决，但诉讼并不是解决问题的最好办法，尤其是考虑到对未成年人身心健康的影响，家庭和睦是未成年人健康成长的关键因素，所以未成年人的亲人应当本着对未成年人成长有利、促进家庭成员间感情的原则，尽量进行友好协商，平和地解决问题。

法规之窗

《中华人民共和国民法典》

第一千一百零八条 配偶一方死亡，另一方送养未成年子女的，死亡一方的父母有优先抚养的权利。

第一千零七十四条第一款 有负担能力的祖父母、外祖父母，对于父母已经死亡或者父母无力抚养的未成年孙子女、外孙子女，有抚养的义务。

第 5 问

离婚后对方不让探望孩子怎么办?

此种情况属于夫妻间一方对另一方探望权的剥夺。探望权是指离婚后,不直接抚养子女的一方依法享有的对未成年子女的探视、看望、交往的权利。抚养权的行使,应当以保障直接抚养一方的生活安宁权为前提,以未成年人利益最大化为原则。例如,父母一方有虐待、伤害子女的行为,法院可能会剥夺其对子女的探望权。

子女与父母的关系不因父母离婚而消灭,依据《民法典》第1086条的规定,夫妻离婚后,不直接抚养子女的一方对子女的探望权是法定的权利。父母在子女成长过程中承担不同的角色和作用,在没有对未成年人存在不利影响的情况下,保障父母的探望权,有利于子女身心的健康成长。

探望权的实现需要另一方的配合,这种配合是法定义务。直接抚养子女的一方不能任意决定是否允许对方探望子女，而是应当按照法律规定履行协助的义务，探望权的行使方式和时间，可以由双方协议约定；协议不成，如果遇到一方阻止探望子女的情况，被阻止一方可以向法院提起关于探望权纠纷的诉讼，请求法院判决按照某种固定的方式行使探望权，由法院根据实际情况及相关法律规定进行判决。

法律剧场

张女士与刘先生婚后生育一女小花。后双方因感情不和，协议离婚，约定小花由刘先生抚养，张女士享有对孩子的探望权。离婚后，刘先生经常阻碍张女士探望女儿，双方为此发生纠纷。后张女士将刘先生诉至法院，要求每月探望小花4次，可带其外出或留宿，每年中秋节、春节各同住1天，寒、暑假各同住15天。

法院审理认为，恰当行使探望权，能够达到与子女增进感情、继续教育子女的目的，有利于孩子身心健康成长。但张女士要求的探望次数过多，不利于小花的正常学习和生活，应酌情予以减少。遂判决张女

士每月探望小花2日，每年寒、暑假期间探望7日，刘
先生应予以协助。

法规之窗

《中华人民共和国民法典》

第一千零八十六条　离婚后，不直接抚养子女
的父或者母，有探望子女的权利，另一方有协助
的义务。

行使探望权利的方式、时间由当事人协议；协
议不成的，由人民法院判决。

父或者母探望子女，不利于子女身心健康的，
由人民法院依法中止探望；中止的事由消失后，
应当恢复探望。

第 6 问

父母私自查看未成年人信件或聊天记录是否违法？

《宪法》《未成年人保护法》等法律赋予了未成年人通信自由和拥有个人隐私的权利。任何组织和个人都无权对未成年人的信件、信息等私自隐匿、毁弃。

虽然未成年人依法享有通信自由的权利和隐私权，但由于未成年人心智尚未成熟，社会环境复杂，出于对未成年人健康和安全的考虑，在符合法律规定的情形下，如紧急情况下为了保护未成年人本人的人身安全，父母或监护人可以开拆、查阅未成年人的信件、日记、电子邮件或者其他网络通讯内容。

未成年人的父母应与未成年人建立良好的亲子关系，多沟通，了解未成年人的内心想法，在未成年人自愿的情况下，可以适当地查看其通信情况，以保证未成年人的安全。未成年人也要和父母主动沟通，告知父母自己的近况，让父母放心，向父母表示希望父母尊重自己的隐私。

法规之窗

《中华人民共和国宪法》

第四十条 中华人民共和国公民的通信自由和通信秘密受法律的保护。除因国家安全或者追查刑事犯罪的需要，由公安机关或者检察机关依照法律规定的程序对通信进行检查外，任何组织或者个人不得以任何理由侵犯公民的通信自由和通信秘密。

《中华人民共和国未成年人保护法》

第六十三条 任何组织或者个人不得隐匿、毁弃、非法删除未成年人的信件、日记、电子邮件或者其他网络通讯内容。

除下列情形外，任何组织或者个人不得开拆、查阅未成年人的信件、日记、电子邮件或者其他网络通讯内容：

（一）无民事行为能力未成年人的父母或者其他监护人代未成年人开拆、查阅；

（二）因国家安全或者追查刑事犯罪依法进行检查；

（三）紧急情况下为了保护未成年人本人的人身安全。

《中华人民共和国治安管理处罚法》

第四十二条 有下列行为之一的，处五日以下拘留或者五百元以下罚款；情节较重的，处五日以上十日以下拘留，可以并处五百元以下罚款：

……

（六）偷窥、偷拍、窃听、散布他人隐私的。

第 7 问

未成年人春节收到的压岁钱，父母有权处分吗？

未成年人在春节、生日时收到的压岁钱等礼金属于第三人对未成年人个人的赠与，相关财物属于未成年人的个人财产。在法律上，未成年人的财产由其父母或法定监护人管理，因此父母有权对未成年人收到的压岁钱进行管理。

但是，这并不意味着父母可以随意挥霍或占用这笔钱。《未成年人保护法》第16条规定，未成年人的父母或者其他监护人应当妥善管理和保护未成年人的财产；第17条规定，未成年人的父母或者其他监护人不得违法处分、侵吞未成年人的财产或者利用未成年人牟取不正当利益。据此，父母应当以保护未成年人的利益为前提来管理这笔钱。例如，可以将这笔钱用于未成年人的教育、医疗等方面的开支。

综上，未成年人的压岁钱属于未成年人的个人财产，父母不得未经未成年人同意而随意处分，损害未成年人的合法权益。同时，父母作为未成年人的监护人，有权对未成年人的生活、教育和其他必要支出进行管理。

法规之窗

《中华人民共和国未成年人保护法》

第十六条　未成年人的父母或者其他监护人应当履行下列监护职责：

......

（七）妥善管理和保护未成年人的财产；

......

第十七条　未成年人的父母或者其他监护人不得实施下列行为：

......

（十）违法处分、侵吞未成年人的财产或者利用未成年人牟取不正当利益；

......

第8问

未成年人遭受父母虐待该怎么办？

父母虐待未成年子女是一种严重的家庭暴力行为，需要及时采取措施保护未成年人的权益。根据《民法典》《未成年人保护法》《反家庭暴力法》的规定，父母有责任创造良好、和睦的家庭环境，禁止对未成年人实施家庭暴力，禁止虐待、遗弃未成年人。国家禁止任何形式的家庭暴力。

未成年人遭受父母虐待的，首先，可以向其他的家庭成员求助，如爷爷奶奶、外公外婆、叔叔阿姨等，把经历虐待的事情经过告知他们，寻求他们的保护，同时请求他们对自己的父母进行劝说。其次，如果无法向家人求助，可以寻求老师、朋友的帮助。最后，可以选择向公安机关求助，既可以到离自己最近的派出所报案，也可以选择拨打110报警电话。

未成年人遭受家庭暴力，没有其他家庭成员或者亲戚可以求助的,公安机关应当联系民政部门,将未成年人临时安置到救助机构或者福利机构,也可以由公安机关代为申请人身安全保护令。

根据法律规定,当事人是无民事行为能力人、限制民事行为能力人,或者因受到强制、威吓等原因无法申请人身安全保护令的,其近亲属、公安机关、妇女联合会、居民委员会、村民委员会、救助管理机构可以代为申请。

在法律程序上,父母的虐待行为违反了《治安管理处罚法》,被虐待人要求处理的,处5日以下拘留或者警告。情节恶劣的,还可能构成虐待罪。

法规之窗

《中华人民共和国民法典》

第一千零四十二条第三款　禁止家庭暴力。禁止家庭成员间的虐待和遗弃。

《中华人民共和国未成年人保护法》

第十七条　未成年人的父母或者其他监护人不得实施下列行为:

（一）虐待、遗弃、非法送养未成年人或者对未成年人实施家庭暴力；

……

《中华人民共和国反家庭暴力法》

第二十三条 当事人因遭受家庭暴力或者面临家庭暴力的现实危险，向人民法院申请人身安全保护令的，人民法院应当受理。

当事人是无民事行为能力人、限制民事行为能力人，或者因受到强制、威吓等原因无法申请人身安全保护令的，其近亲属、公安机关、妇女联合会、居民委员会、村民委员会、救助管理机构可以代为申请。

《中华人民共和国刑法》

第二百六十条 虐待家庭成员，情节恶劣的，处二年以下有期徒刑、拘役或者管制。

犯前款罪，致使被害人重伤、死亡的，处二年以上七年以下有期徒刑。

第一款罪，告诉的才处理，但被害人没有能力告诉，或者因受到强制、威吓无法告诉的除外。

第 9 问

父母外出打工，委托他人代为照管未成年子女，子女成年后是否需要对受委托人承担赡养义务？

依据《民法典》的相关规定，成年子女仅对以下四类人承担赡养义务：一是父母；二是建立收养关系的养父母；三是子女已经死亡或者子女无力赡养的祖父母、外祖父母；四是有抚养关系的继父母。

一般情况下，父母外出打工，只是口头委托他人代为照顾、管理未成年人，未成年人所需要的生活费、学费等一般仍由其父母承担，受委托人与未成年人之间并未形成收养关系。所以，未成年人成年后对于受委托人并没有法定的赡养义务。

当然法律是最低限度的道德，受委托人在照顾、管理未成年人时，必然要付出相应的时间和精力，作为受益的未成年人父母或者未成年人成年后，在情理上也应当尽量表达感谢并给予相应的补偿。

法律剧场

李某及其妻子起诉其侄子李小小，称李小小年幼时因父母外出打工无人照料，便与自己一家共同生活，由其抚养照料，且已经将户口迁至原告处。现二原告年事已高，体弱多病，无经济来源，请求法院判决李小小每月支付1000元赡养费，直至二原告去世。李小小认可其在年幼时因父母外出打工而随原告共同生活，但原告只是代为照看，生活费和学费都是由其父母负担，与原告之间没有收养关系，不应支付赡养费。

法院审理认为，两原告主张被告向其履行赡养义务，但其并未向法院提交证据证明原、被告之间存在收养关系，也并未提供证据证明其对被告履行了抚养义务，故对原告的诉讼请求不予支持。

法规之窗

《中华人民共和国民法典》

第一千一百一十一条 自收养关系成立之日起，养父母与养子女间的权利义务关系，适用本法关于父母子女关系的规定；养子女与养父母的近亲属间的权利义务关系，适用本法关于子女与父母的近亲属关系的规定。

养子女与生父母以及其他近亲属间的权利义务关系，因收养关系的成立而消除。

第 *10* 问

还未出生的胎儿是否有继承权？

根据《民法典》第13条的规定，自然人的民事权利能力始于出生，胎儿尚未与母体分离的，不是独立的自然人，因此不能依据该条保护胎儿的利益。但《民法典》第16条对胎儿在特殊情况下的相关权利作了特殊规定，即涉及遗产继承、接受赠与等胎儿利益保护的，胎儿视为具有民事权利能力。也就是说，胎儿在正常情况下是不具有民事权利能力的，但在继承权、接受赠与等关乎胎儿利益保护的事项上，拟制其具有民事权利能力。然而，胎儿娩出时为死体的，其民事权利能力自始不存在。

同时，《最高人民法院关于适用〈中华人民共和国民法典〉继承编的解释（一）》第31条也规定，应当为胎儿保留的遗产份额没有保留的，应从继承人所继承的遗产中扣回。为胎儿保留的遗产份额，如胎儿出生后死亡的，由其继承人继承；如胎儿娩出时是死体的，由被继承人的继承人继承。

第 *11* 问

非婚生子女与婚生子女享有同样的继承权吗?

根据《民法典》第1071条第1款的规定，非婚生子女与婚生子女享有同等的权利，任何组织和个人不得加以危害和歧视。这里的权利包含法律明确规定的婚生子女享有的所有权利，当然也包括继承权。

《民法典》第1070条规定，父母和子女有相互继承遗产的权利。根据《民法典》第1127条的规定，配偶、子女、父母是遗产的第一顺序继承人，而这里的子女就包括婚生子女和非婚生子女。所以非婚生子女与婚生子女不但有同样的继承父母财产的权利，而且同样是第一顺序继承人，与其他第一顺序继承人共同参与遗产的分配。

在正常情况下，除非非婚生子女以书面形式明确表示放弃继承权，否则在法律上均视为非婚生子女接受继承。

然而，虽然非婚生子女与婚生子女享有同等的继承权，但实际情况中，能否继承到遗产又有诸多不确定因素。因为被继承人可以通过不同的方式处理自己的遗产，既可以在生前立遗嘱处分自己的遗产，也可以与他人签订协议处分自己的遗产，还可以不作任何意思表示而根据法律规定处理遗产。这几种方式的法律效力不同，根据《民法典》第1123条的规定，首先，如果被继承人生前与他人签订了《遗赠扶养协议》的，相关遗产优先按照协议内容处理；其次，如果被继承人生前还立有遗嘱的，在按照《遗赠扶养协议》处理完后，按照遗嘱处理相关遗产；最后，如果被继承人没有签订过《遗赠扶养协议》，也未订立遗嘱的，才按照法定继承来处理被继承人的遗产。

所以，如果非婚生子女的父母已经签订了《遗赠扶养协议》，或者已经订立了遗嘱，并未将遗产指定由非婚生子女继承的，此时非婚生子女则不能按照法定继承获得其父母的遗产。

法规之窗

《中华人民共和国民法典》

第一千一百二十三条　继承开始后，按照法定继承办理；有遗嘱的，按照遗嘱继承或者遗赠办理；有遗赠扶养协议的，按照协议办理。

二、学校生活

第 *12* 问

家长怎样保护未成年人不受校园暴力的伤害？

近年来，校园暴力事件时有发生，未成年人遭受校园暴力，轻则受伤，重则付出生命。作为家长，一定要注意对校园暴力行为早作防范，保护好未成年人的人身安全。

校园暴力的特点之一是加害方一般为多人行动，受害的未成年人一般是以一对多。家长应该经常与孩子进行沟通，了解他们在学校的生活情况，包括与同学的关系、是否有被欺负或者被欺凌的情况等。如果发现孩子有异常的情绪或行为变化，应及时关注并寻找原因。

同时，家长应教育孩子如何保护自己，包括如何正确处理人际关系，如何避免成为被欺凌的目标，如何在遭受欺凌时保护自己等。

如果发现孩子遭受校园暴力，家长应立即告知学校，并要求学校采取措施保护孩子。家长也可以向学校请求提供心理咨询等，帮助孩子做好心理疏导。

如果学校未能有效处理校园暴力问题，家长可以寻求法律途径保护孩子的权益。校园暴力是违法行为，受害者有权向公安机关报案，要求依法处理；施暴者根据年龄、具体行为以及产生的后果，需要承担行政责任甚至刑事责任。如果已经发生了实际的伤害结果和财产损失的，也可以通过民事诉讼的方式进行维权。

家长应该教育孩子尊重他人，不欺负他人，也绝不容忍别人欺负自己。

第 *13* 问

学校或者老师可以强制要求学生到指定的书店购买辅导书吗？

近年来，部分学校和教师受各种利益因素影响，引导学生购买辅导书，对此，教育部等部门加大了对辅导书市场乱象的打击力度。原国家新闻出版广电总局、教育部、国家发展改革委于2015年8月印发了《中小学教辅材料管理办法》（新广出发〔2015〕45号），其中规定，中小学教辅材料的购买与使用实行自愿原则。任何部门和单位不得以任何形式强迫中小学校或学生订购教辅材料。学生自愿购买本地区评议公告目录内的中小学教辅材料并申请学校代购的，学校可以统一代购，但不得从中牟利。其他教辅材料由学生和家长自行在市场购买，学校不得统一征订或提供代购服务。任何单位和个人不得进入学校宣传、推荐和推销任何教辅材料。

所以，学生可以自愿选择购买何种辅导书，去何处购买辅导书，学校及老师不得以任何形式要求学生必须购买。学生及家长遇到此类情况的，可以向相关教育部门进行反映投诉。

第 *14* 问

学校可以要求学生购买指定的平板电脑等学习用品吗?

近年来,部分学校打着"自愿"的幌子,通过设立"智慧班""未来班"等方式要求学生购买平板电脑及与之关联的学习软件,按"平板教学"进行分班和配置教师资源,有的学校甚至向学生推介特定企业的学习软件。学校的这些做法增加了学生家庭经济负担,影响教育公平,社会影响恶劣。那么学校在此过程中都涉及哪些违法行为呢?

首先,学校以是否购买平板电脑为依据,违规按"平板教学"分班,有悖义务教育平等原则。平等接受义务教育是《义务教育法》赋予所有适龄儿童、少年的基本权利。该法第 4 条规定,凡具有中华人民共和国国籍的适龄儿童、少年,不分性别、民族、种族、家庭财产状况、宗教信仰等,依法享有平等接受义务教育的权利，并履行接受义务教育的义务。

其次，学校指定品牌，剥夺了学生及家长的选择权，违反了《消费者权益保护法》第9条第2款关于"消费者有权自主选择提供商品或者服务的经营者，自主选择商品品种或者服务方式，自主决定购买或者不购买任何一种商品、接受或者不接受任何一项服务"等规定。

最后，学校的行为违反了《关于进一步加强和规范教育收费管理的意见》（教财〔2020〕5号）中学校不得强制或者暗示学生及家长购买指定的教辅软件或资料的规定。

第 *15* 问

学生参与校园活动受伤，校方应该承担责任吗？

在校园活动类的伤害案件中，学校承担的主要是教育、管理职责。判断学校是否尽到了教育、管理职责，是否需要承担侵权责任，司法实践中一般从以下几个方面来分析认定：第一，活动本身是否具有高风险，如是否有一定对抗性，或者对技巧要求是否较高；第二，现场是否存在安全隐患；第三，老师是否在场监督管理等。

例如，在一起老师组织学生折返跑导致学生摔倒受伤的案件中，结合多个事实，如场地小、学生多，学校对场地安排的合理性未尽到注意义务，存在学生容易相互碰撞的安全隐患，体育老师不在现场疏于监督管理，等等，法院最终认定学校承担相应比例的赔偿责任。而学生本人因属于限制民事行为能力人，应具有一定的认知能力及安全防护意识，且未及时向老师及其他同学求助，以致延误最佳治疗时机，也需要承担与其过错相适应的责任。

第 *16* 问

未成年人在学校受到第三人伤害，学校需要承担责任吗？

未成年人在学校受到第三人伤害，造成身体损害或者财产损失，学校是否需要承担责任，要分情况讨论（表2-1）。

一种情况是未成年人在学校受到进入学校的第三人的伤害，依据《民法典》第1201条规定，应当由第三人承担侵权责任，学校如果未尽到管理职责的，应当承担相应的补充责任。学校在承担了补充责任之后，可以向第三人追偿。

另一种情况是学生之间发生的伤害事件。这种情况学校是否承担责任，要看学校是否尽到了教育、管理职责。如果受害学生为无民事行为能力人，依据《民法典》第1199条规定，除非学校能够证明自己尽到了教育、管理职责，否则应当承担侵权责任。如果受害学生为限制民事行为能力人，依据《民法典》第1200条规定，在此类案件中，受害学生一方如果可以证明学校未尽到教育、管理职责，对学生所受到的伤害具有过错，学校就应当承担侵权责任。

表2-1　学校的侵权责任

受害学生年龄	受害学生民事行为能力	学校证明责任
未满8周岁	无民事行为能力	学校需要证明自己尽到了教育、管理职责
8周岁至18周岁	限制民事行为能力	受害学生一方需要证明学校未尽到教育、管理职责，对学生所受到的伤害具有过错

法规之窗

《中华人民共和国民法典》

第一千一百九十九条　无民事行为能力人在幼儿园、学校或者其他教育机构学习、生活期间受到人身损害的，幼儿园、学校或者其他教育机构应当承担侵权责任；但是，能够证明尽到教育、管理职责的，不承担侵权责任。

第一千二百条　限制民事行为能力人在学校或

者其他教育机构学习、生活期间受到人身损害，学校或者其他教育机构未尽到教育、管理职责的，应当承担侵权责任。

第一千二百零一条 无民事行为能力人或者限制民事行为能力人在幼儿园、学校或者其他教育机构学习、生活期间，受到幼儿园、学校或者其他教育机构以外的第三人人身损害的，由第三人承担侵权责任；幼儿园、学校或者其他教育机构未尽到管理职责的，承担相应的补充责任。幼儿园、学校或者其他教育机构承担补充责任后，可以向第三人追偿。

第 *17* 问

教师校内性侵未成年人，需承担何种责任？

伴随着经济社会的快速发展，侵害未成年人犯罪呈现新的复杂情况，性侵害犯罪在侵害未成年人犯罪案件中所占比重持续升高，成为侵害未成年人最突出犯罪。与此同时，随着犯罪形势的发展变化，性侵害犯罪被害人日趋低龄化，隔空猥亵、网络性引诱等新型犯罪层出不穷。[①]

对于针对未成年人的性侵害犯罪，《刑法》对特殊情形都作出了相应规定：一是在认定是否违背妇女真实意愿这一点上，如果被害人是未满 14 周岁的幼女，无论幼女是否同意，都构成强奸罪，并且从重处罚。二是对在校园奸淫未满 14 周岁幼女的情况从重处罚，

[①] 《"两高两部"发布〈最高人民法院 最高人民检察院 公安部 司法部关于办理性侵害未成年人刑事案件的意见〉》，载中国法院网 https://www.chinacourt.org/article/detail/2023/05/id/7308547.shtml，最后访问日期：2024 年 12 月 6 日。

校园属于"公共场所"，在校园内对幼女实施奸淫的犯罪行为，只要有其他多人在场，不论在场人员是否实际看到，均可认定为在公共场所奸淫幼女。

法律剧场

被告人齐某是某小学的班主任。其在担任班主任期间，利用午休、晚自习及宿舍查寝等机会，在学校办公室、教室、洗澡堂、男生宿舍等处多次对被害女童A（10岁）、B（10岁）实施奸淫、猥亵，并以带A女童外出看病为由，将其带回家中强奸。齐某还在女生集体宿舍等地多次猥亵被害女童C（11岁）、D（11岁）、E（10岁），猥亵被害女童F（11岁）、G（11岁）各一次。

2018年7月27日，最高人民法院作出终审判决，认定原审被告人齐某犯强奸罪，判处无期徒刑，剥夺政治权利终身；犯猥亵儿童罪，判处有期徒刑10年；决定执行无期徒刑，剥夺政治权利终身。[①]

---

① 最高人民检察院第十一批指导性案例：齐某强奸、猥亵儿童案（检例第42号），载最高人民检察院网 https://www.spp.gov.cn/spp/jczdal/201811/t20181118_399377.shtml，最后访问日期：2024年12月6日。

法规之窗

《中华人民共和国刑法》

第二百三十六条 以暴力、胁迫或者其他手段强奸妇女的，处三年以上十年以下有期徒刑。

奸淫不满十四周岁的幼女的，以强奸论，从重处罚。

强奸妇女、奸淫幼女，有下列情形之一的，处十年以上有期徒刑、无期徒刑或者死刑：

（一）强奸妇女、奸淫幼女情节恶劣的；

（二）强奸妇女、奸淫幼女多人的；

（三）在公共场所当众强奸妇女、奸淫幼女的；

（四）二人以上轮奸的；

（五）奸淫不满十周岁的幼女或者造成幼女伤害的；

（六）致使被害人重伤、死亡或者造成其他严重后果的。

《最高人民法院、最高人民检察院关于办理强奸、猥亵未成年人刑事案件适用法律若干问题的解释》

第一条 奸淫幼女的，依照刑法第二百三十六条第二款的规定从重处罚。具有下列情形之一的，应当适用较重的从重处罚幅度：

（一）负有特殊职责的人员实施奸淫的；

（二）采用暴力、胁迫等手段实施奸淫的；

（三）侵入住宅或者学生集体宿舍实施奸淫的；

（四）对农村留守女童、严重残疾或者精神发育迟滞的被害人实施奸淫的；

（五）利用其他未成年人诱骗、介绍、胁迫被害人的；

（六）曾因强奸、猥亵犯罪被判处刑罚的。

强奸已满十四周岁的未成年女性，具有前款第一项、第三项至第六项规定的情形之一，或者致使被害人轻伤、患梅毒、淋病等严重性病的，依照刑法第二百三十六条第一款的规定定罪，从重处罚。

第 *18* 问

未成年学生未正常到校，学校没有及时告知学生家长，是否需要承担责任？

学生如果未正常到校，而学校并未就学生未到校的事实与家长进行沟通确认的，应当对学生的失踪承担相应责任。根据《学生伤害事故处理办法》（教育部令第 30 号）第 9 条第 11 项的规定，对未成年学生擅自离校等与学生人身安全直接相关的信息，学校发现或者知道，但未及时告知未成年学生的监护人，导致未成年学生因脱离监护人的保护而发生伤害的，学校应当依法承担相应的责任。

虽然在这类案件中一般没有直接证据证明学校的教育教学行为存在过错，但学校作为教育教学机构应加强对学生的安全教育和安全管理。在具体案件中要看学校是否制定各项规章制度保证学生的安全，以及对规章制度的贯彻落实是否到位。学生未到校上课的，若学校对这种异常情况未能及时告知学生家长，则学校对学生监管的缺失存在一定的过错，对学生的失踪或导致的其他伤害应当承担相应的责任。实践中，如果学校没有其他过错，承担责任的比例一般很小。

第 *19* 问

培训机构"爆雷"跑路，学生家长应该如何维权？

很多家长为了支持孩子学习，培养孩子的特长，在校外给孩子报了各类培训班，并且会预交半年甚至一年的学费。但近年来培训机构"爆雷"事件时有发生，家长交纳的学费几千元到几万元不等，到最后课也没办法上，学费也退不回来。

对于家长来讲，遇到这种情况是非常被动的，因为一般等家长发现异常的时候，机构很可能已经做好了跑路的准备，或者已经跑路了。

其实，家长可以从机构的表现中发现一些端倪提前预知，如机构突然搞一些超级优惠的报名活动，学费半价或者交一年送一年，等等；又如家长和老师闲聊中了解到，机构开始拖欠培训教师的工资，这时就要有所警觉了。

　　一旦发现培训机构异常，建议及时保留相关证据，如培训协议、报名表、海报、机构现场照片、微信沟通记录、转账记录、发票等，在培训机构"爆雷"后第一时间向法院起诉，并且申请财产保全，以保证胜诉后能够执行到款项，增加拿回学费的可能性。

　　也有培训机构与家长签订合同时，将争议处理条款设置为由仲裁委仲裁。通常仲裁的费用较高，通过这种方式维权的成本太高，在所交学费较低的情况下，很多家长就会放弃维权。提醒各位家长，在给孩子报名签订合同的时候，一定要仔细阅读合同条款，明确发生争议时是向法院起诉还是向仲裁委申请仲裁。另外，所签订的合同一定要自己保留一份或者拍照留底。

法规之窗

《中华人民共和国消费者权益保护法》

　　第五十三条　经营者以预收款方式提供商品或者服务的，应当按照约定提供。未按照约定提供的，应当按照消费者的要求履行约定或者退回预付款；并应当承担预付款的利息、消费者必须支付的合理费用。

第 20 问

校园贷是什么？有哪些危害？

校园贷是指一些放贷机构以较低的放贷门槛、较快的放款速度等为噱头，诱骗在校学生向其借款，借款后又向学生收取高额利息。很多在校学生未能树立正确的消费观，盲目攀比，片面追求物质享受，超前消费和过度消费，很容易落入不法分子编织的贷款陷阱。校园贷的类型主要有消费贷、美容贷、培训贷等。

校园贷给在校学生及其家庭带来的危害不胜枚举。第一，要面对高额的利息，校园贷的利率通常远高于正规银行的贷款利率，并且会涉及利滚利，这对于没有稳定收入的学生来说是一个巨大的经济负担。第二，一些校园贷机构会利用大学生的消费欲望，诱导他们过度消费，从而陷入债务陷阱。第三，为了确保贷款的回收，一些校园贷机构会采取侵犯借款人隐私的方式催缴收款，如公开借款人的个人信息，甚至进行人身威胁，导致学生及其家人的个人信息和个人隐私的泄露。第四，校园贷的债务压力可能会影响学生的学业，使他们无法专心学习，不能正常毕业，甚至出现不堪压力选择自杀的情况。

因此，对于在校学生来说，应该主动远离校园贷，树立正确的消费观，选择合法的贷款渠道，避免陷入债务陷阱。

第 21 问

在校期间办理校园贷，
无力还款怎么办?

我国目前合法的贷款利率上限为贷款市场报价利率（LPR）的4倍。例如，中国人民银行2023年8月21日的LPR报价为3.45%，合法的贷款利率上限为3.45%×4=13.8%。超过这个利率的部分，债权人无法通过法律途径来解决。校园贷的特点为高利贷和利滚利，因此是不合法的。

办理校园贷后无力还款的，可以先尝试与贷款机构协商，降低还款利率，也可以延期或者分期还款。在协商过程中，要保持冷静，不要被对方的威胁或者恐吓所影响，同时可以向家人寻求经济援助。如果贷款机构的行为涉嫌违法，如高利贷、暴力催收等，可以选择直接报警。

总的来说，在办理校园贷出现还款困难后，一定要保持冷静，寻求各种可能的帮助，不要轻易作出伤害自己的决定。同时，也要从中吸取教训，以后在贷款问题上要更加谨慎。

第 22 问

未成年人违反学校管理制度，教师可以体罚吗？

在我国，教师在学校管理中对未成年人实施教育惩戒是被允许的。根据《中小学教育惩戒规则（试行）》（教育部令第49号）规定，学校和教师可以在学生存在不服从教育管理、扰乱秩序、违反校规校纪等情形时实施教育惩戒。具体来说，教育惩戒可以包括点名批评，责令赔礼道歉、做口头或者书面检讨，适当增加额外的教学或者班级公益服务任务，一节课堂教学时间内的教室内站立，课后教导等措施。教师在实施教育惩戒后，可以适当方式告知学生家长。

然而，教育惩戒也有一定的限制。根据《中小学教育惩戒规则（试行）》《义务教育法》《未成年人保护法》等规定，教育惩戒应当在确有必要的情况下进行，不能过度惩戒或侵犯学生的权益。教师在教育教学管理、实施教育惩戒过程中，不得以造成学生身体痛苦的方式体罚；不得辱骂或以歧视性、侮辱性的言行侵犯学生人格尊严等。

可见，学生违反学校管理制度，作为教师只能根据情节的轻重，进行适当的教育惩戒，而不能体罚。如果未成年人遭受教师体罚的，建议先和自己的家长沟通，区分究竟是教育惩戒还是体罚。如果教师的行为真的构成体罚，侵犯了未成年人的合法权益，家长可向学校领导反映情况，由学校对教师进行教育处理；如果学校不进行处理的，家长可以向教育局反映投诉。教师的体罚行为已经对学生造成身体或者心理伤害的，家长作为法定代理人可以代理未成年人通过民事诉讼的方式，要求教师承担民事赔偿责任。同时体罚行为造成未成年人身体上的损害结果的，可能违反《治安管理处罚法》或者构成刑事犯罪，家长可以依法报警处理。

法律剧场

某小学体育教师王某因在体育课上体罚多名学生，

被立案调查，最终以涉嫌虐待被看护人罪起诉。被告人王某在上体育课过程中，因部分学生在未征得其许可的情况下，擅自到器材室拿体育器材，遂口令全班54名学生排队趴在操场的地面上，而后手持木质扫帚棍逐一对54名学生的腿臀部进行殴打。经法医鉴定，被打学生中有35人的伤情为人体轻微伤。后经司法鉴定，被告人王某虽患有双相障碍精神疾病（缓解期），但在本案中有完全刑事责任能力。

法院审理认为，被告人王某实施上述行为是为了教育管理学生，主观恶性较小，且未给学生身心造成严重伤害，再加上被告人王某在本案中虽具有完全刑事责任能力，但仍处于双相障碍精神疾病的缓解期，案发后能如实供述主要犯罪事实，并已取得大多数学生家长的谅解，综合考虑以上因素，可以认定被告人王某犯罪情节轻微，对其免予刑事处罚。判决被告人王某犯虐待被看护人罪，免予刑事处罚；禁止被告人王某自刑罚执行完毕之日起3年内从事教育职业。

法规之窗

《中华人民共和国义务教育法》

第二十九条 教师在教育教学中应当平等对待学生，关注学生的个体差异，因材施教，促进学生的充分发展。

教师应当尊重学生的人格，不得歧视学生，不得对学生实施体罚、变相体罚或者其他侮辱人格尊严的行为，不得侵犯学生合法权益。

《中华人民共和国未成年人保护法》

第二十七条 学校、幼儿园的教职员工应当尊重未成年人人格尊严，不得对未成年人实施体罚、变相体罚或者其他侮辱人格尊严的行为。

《中华人民共和国治安管理处罚法》

第四十三条 殴打他人的，或者故意伤害他人身体的，处五日以上十日以下拘留，并处二百元以上五百元以下罚款；情节较轻的，处五日以下拘留或者五百元以下罚款。

有下列情形之一的，处十日以上十五日以下拘留，并处五百元以上一千元以下罚款：

（一）结伙殴打、伤害他人的；

（二）殴打、伤害残疾人、孕妇、不满十四周岁的人或者六十周岁以上的人的；

（三）多次殴打、伤害他人或者一次殴打、伤害多人的。

《中华人民共和国刑法》

第二百六十条之一　对未成年人、老年人、患病的人、残疾人等负有监护、看护职责的人虐待被监护、看护的人，情节恶劣的，处三年以下有期徒刑或者拘役。

单位犯前款罪的，对单位判处罚金，并对其直接负责的主管人员和其他直接责任人员，依照前款的规定处罚。

有第一款行为，同时构成其他犯罪的，依照处罚较重的规定定罪处罚。

第 23 问

学校教师推荐技校毕业生去工厂实习，可以从中赚取差价吗？

有些职业学校在安排学生实习时，存在为赚"人头费"而强制实习的行为，名义上是"校企合作"，实质上就是把学生当作廉价劳动力。学校通过向企业输出劳务收取管理费，企业则获取廉价用工。这类企业一般为低端的劳动密集型企业，通常很难从正常的劳动力市场招到工人，所以通过与职业学校合作，获取廉价劳动力。

根据教育部、财政部、国家市场监督管理总局等八部门联合印发的《职业学校学生实习管理规定》（教职成〔2021〕4号）第20条规定，职业学校和实习单位不得向学生收取实习押金、培训费、实习报酬提成、管理费、实习材料费、就业服务费或者其他形式的实习费用，不得扣押学生的学生证、居民身份证或其他证件，不得要求学生提供担保或者以其他名义收取学生财物。

根据该规定第18条规定，接收学生岗位实习的实习单位，应当参考本单位相同岗位的报酬标准和岗位实习学生的工作量、工作强度、工作时间等因素，给予适当的实习报酬。在实习岗位相对独立参与实际工作、初步具备实践岗位独立工作能力的学生，原则上应不低于本单位相同岗位工资标准的80%或最低档工资标准，并按照实习协议约定，以货币形式及时、足额、直接支付给学生，原则上支付周期不得超过1个月，不得以物品或代金券等代替货币支付或经过第三方转发。

根据该规定第47条第1款、第3款规定，实习单位违反本规定，法律法规规定了法律责任的，县级以上地方人民政府或地方有关职能部门应当依法依规追究责任。对违反本规定从事学生实习中介活动或有偿代理的，法律法规规定了法律责任的，由相关部门依法依规追究责任；构成犯罪的，依法追究刑事责任。

虽然上述规定对职业学校的违规行为作出了明确规定，但目前对大多数情况的处理方式仅仅是叫停，并没有明确进一步法律责任的承担。

建议被安排实习的学生在实习前应充分了解与自身密切相关的信息，如工作时间、劳动报酬、工资的发放方式等，发现自身权益被侵害的，可对学校的违规行为向教育行政部门进行投诉，维护自身的合法权益。

三、社会生活

第 24 问

未成年人被其他未成年人故意殴打造成伤害，父母应该如何维权？

被殴打的未成年人的父母应当尽可能搜集保存相关证据，包括现场视频、照片等，并且立即报警，配合警方了解事实。

殴打他人，根据年龄不同以及行为、结果不同，可能产生多种法律后果。根据《刑法》第17条规定，已满16周岁的人犯罪，应当负刑事责任。已满14周岁不满16周岁的人，犯故意杀人、故意伤害致人重伤或者死亡、强奸、抢劫、贩卖毒品、放火、爆炸、投放危险物质罪的，应当负刑事责任。已满12周岁不满14周岁的人，犯故意杀人、故意伤害罪，致人死亡或者以特别残忍手段致人重伤造成严重残疾，情节恶劣，经最高人民检察院核准追诉的，应当负刑事责任。对依照前述规定追究刑事责任的不满18周岁的人，应当从轻或者减轻处罚。

如果经过公安机关的调查，情节轻微，不构成犯罪的，受害未成年人的监护人，可以依据《民法典》第1179条、第1188条规定，要求加害方的监护人（一般为未成年人的父母）承担民事赔偿责任，包括受害未成年人的医疗费、护理费、营养费等费用。当然，在对方构成犯罪应当承担刑事责任的情况下，受害方仍然可以同时提起民事诉讼要求对方承担民事赔偿责任。

法规之窗

《中华人民共和国民法典》

第一千一百七十九条 侵害他人造成人身损害的，应当赔偿医疗费、护理费、交通费、营养费、住院伙食补助费等为治疗和康复支出的合理费用，以及因误工减少的收入。造成残疾的，还应当赔偿辅助器具费和残疾赔偿金；造成死亡的，还应当赔偿丧葬费和死亡赔偿金。

第一千一百八十八条 无民事行为能力人、限制民事行为能力人造成他人损害的，由监护人承担侵权责任。监护人尽到监护职责的，可以减轻其侵权责任。

有财产的无民事行为能力人、限制民事行为能力人造成他人损害的，从本人财产中支付赔偿费用；不足部分，由监护人赔偿。

第 25 问

未成年人因燃放烟花爆竹导致自己受伤，烟花爆竹生产企业是否担责？

烟花爆竹生产企业是否担责，要看烟花爆竹是不是合格产品，依据《烟花爆竹安全管理条例》规定，烟花爆竹生产企业生产烟花爆竹所用的原料必须符合国家标准的规定，不能超过用量限制，生产的商品上应当标注燃放说明，并且需要标注易燃易爆危险品警示标志。另外，还需要判断烟花爆竹是否存在危及人身安全的不合理危险，是否符合国家标准《烟花爆竹 安全与质量》（GB 10631—2013）中烟花爆竹的质量要求，从而认定涉案烟花爆竹是否属于缺陷产品，如为缺陷产品，烟花爆竹生产企业应当承担相应赔偿责任。

未成年人在燃放烟花爆竹时，要有成年人的陪同和监督，陪同的成年人需要认真阅读燃放说明，按照说明燃放，燃放说明中写明不允许未成年人燃放或者单独燃放的，监护人一定要尽到安全注意义务，防止危险的发生。如果并非因为产品问题，而是由于未按说明燃放导致受伤的，一般很难要求生产厂商对此承担责任。

因烟花爆竹存在产品缺陷或不符合安全标准导致未成年人受伤的，其法定代理人可以代理其起诉生产者，要求赔偿医疗费、护理费、残疾赔偿金、精神抚慰金等。

法律剧场

小花在家人燃放烟花后捡起掉落地上的残骸，不料残骸延迟爆炸，炸伤了小花的手，小花的父母以小花为原告，起诉烟花爆竹生产企业，要求赔偿医疗费、残疾赔偿金、护理费等各项经济损失。法院认定，烟花爆竹生产企业生产的涉案烟花未在空中爆炸，不符合《烟花爆竹　安全与质量》（GB 10631—2013）的强制性规定标准，应当认定为缺陷产品。小花在家人燃放烟花时在房间内，在烟花燃放后才捡起烟花残骸，小花的家人已经尽到了安全保护义务，不存在过错。

最终法院判决烟花爆竹生产企业赔偿小花各项经济损失 45 万元。

法规之窗

《中华人民共和国民法典》

第一千二百零二条 因产品存在缺陷造成他人损害的，生产者应当承担侵权责任。

第一千二百零三条 因产品存在缺陷造成他人损害的，被侵权人可以向产品的生产者请求赔偿，也可以向产品的销售者请求赔偿。

产品缺陷由生产者造成的，销售者赔偿后，有权向生产者追偿。因销售者的过错使产品存在缺陷的，生产者赔偿后，有权向销售者追偿。

第 26 问

车辆被未成年人故意划伤，责任应由谁承担？

根据现有法律规定，如果该未成年人已满16周岁，故意毁坏他人财物的行为符合故意毁坏财物罪立案标准的，构成故意毁坏财物罪，相应责任由其自行承担，但可以从轻或者减轻处罚。不符合刑事立案标准，但已经造成受害人实际经济损失的，属于民事侵权行为，未成年人属于限制民事行为能力人，其侵权行为造成的后果由其监护人（通常为未成年人的父母）承担。所以，遇到被未成年人划伤车辆的情况，受害人应保存好可以证明损害过程和损害结果的证据，先与未成年人的监护人进行沟通，要求赔偿，也可以直接向人民法院提起诉讼，要求该未成年人的监护人承担赔偿责任。

法律剧场

10岁的小花和7岁的小宝在小区玩耍时，用石头将小区楼下停放的车辆车漆划伤，车主徐某发现后报警，经过调取监控录像，发现是小花和小宝所为。徐某将受损车辆送修，总共花费2350元。徐某就车辆受损的赔偿方案与小花和小宝的父母沟通，遭到拒绝后，向法院起诉，以小花和小宝及其父母作为共同被告，要求赔偿车辆修理费用。法院经过审理认为，徐某车辆损害确因小花、小宝直接导致，最终判决被告承担赔偿责任，赔偿徐某相关损失2350元。

法规之窗

《中华人民共和国民法典》

第一千一百六十五条　行为人因过错侵害他人民事权益造成损害的，应当承担侵权责任。

依照法律规定推定行为人有过错，其不能证明自己没有过错的，应当承担侵权责任。

第一千一百八十八条　无民事行为能力人、限制民事行为能力人造成他人损害的，由监护人承担侵权责任。监护人尽到监护职责的，可以减轻其侵权责任。

有财产的无民事行为能力人、限制民事行为能力人造成他人损害的，从本人财产中支付赔偿费用；不足部分，由监护人赔偿。

《最高人民检察院、公安部关于公安机关管辖的刑事案件立案追诉标准的规定（一）》

第三十三条 【故意毁坏财物案（刑法第二百七十五条）】故意毁坏公私财物，涉嫌下列情形之一的，应予立案追诉：

（一）造成公私财物损失五千元以上的；

（二）毁坏公私财物三次以上的；

（三）纠集三人以上公然毁坏公私财物的；

（四）其他情节严重的情形。

第 27 问

未成年人遭受性侵害，家长可以向加害人主张哪些民事赔偿？

在性侵未成年人的案件中，加害人侵害了未成年人的身体权、健康权等权利，未成年人遭受性侵害，身体以及精神一般都会遭受较大的损害，加害人除了承担刑事责任之外，还应当承担民事赔偿责任。未成年人的家长作为受害未成年人的法定代理人，在刑事诉讼过程中，有权代理未成年人提起附带民事诉讼，也可以向检察机关申请支持起诉。

关于赔偿的诉讼请求，一般的侵权案件可以主张就医治疗支出的各项费用，包括医疗费、误工费、护理费、交通费、住院伙食补助费、必要的营养费等。侵害未成年人的性侵案件，还可以主张精神损害赔偿，以及后续心理治疗费用等。

法律剧场

小红身患残疾，案发时未满14周岁，在外玩耍时被被告人张某甲哄骗至家中，张某甲与张某乙先后对小红进行性侵害，造成小红严重精神创伤，出现自杀、自残等现象，经诊断为精神分裂症。小红的监护人向检察院提出精神损害赔偿支持起诉申请。

检察院受理张某甲、张某乙强奸案后，在案件审查过程中，发现被害人因犯罪侵害导致精神分裂，在多家医院治疗未愈，小红家中经济困难，无力承担后续治疗费用，案发后，未得到任何赔偿，符合精神损害赔偿的条件。同时，协调区司法局为小红聘请法律援助律师，在小红的监护人提出申请后，区检察院决定启动支持起诉程序，向法院提交支持起诉书。通过检察官出席法庭释法说理，敦促被告人认识自己行为的危害性，促成双方达成调解协议，两名被告人共同赔偿小红精神损害赔偿金、后续治疗等费用共计10万元。

法规之窗

《中华人民共和国民法典》

第一千一百八十三条　侵害自然人人身权益造成严重精神损害的，被侵权人有权请求精神损害赔偿。

因故意或者重大过失侵害自然人具有人身意义的特定物造成严重精神损害的，被侵权人有权请求精神损害赔偿。

第 28 问

未成年人用父母手机给游戏账户充值，
父母可以要求退回吗？

根据《民法典》的相关规定，8周岁以下的儿童不具有独立从事民事法律行为的资格，要由其法定代理人代理实施民事法律行为。8周岁以下的未成年人生理、心理发育很不成熟，欠缺对自己行为的辨认识别能力以及行为后果的预见能力，为了避免他们的权益受到损害，法律将其规定为无民事行为能力人。所以8周岁以下的未成年人进行游戏充值消费的行为是无效的，家长作为法定代理人可以主张退回。

而8周岁以上的未成年人为限制民事行为能力人，其实施的纯获利益的民事法律行为或者与其年龄、智力、精神状况相适应的民事法律行为有效；实施的其他民事法律行为经法定代理人同意或者追认后有效。

也就是说，8 周岁以上的未成年人在游戏中充值消费后，家长能否主张退还，要根据具体情况而定。如果充值消费金额与其年龄、智力等状况都不相适应，法定代理人在事后又没有同意或者追认的，同样可以主张退回。如果充值金额不超过一定范围的，则很可能视为与其年龄、智力状况相适应的行为，而不支持退还。

《国家新闻出版署关于防止未成年人沉迷网络游戏的通知》规定了未成年人游戏充值的限制：8 周岁以上未满 16 周岁的未成年人单次充值金额不得超过 50 元人民币，每月充值金额累计不得超过 200 元人民币；16 周岁以上未满 18 周岁的未成年人每次充值金额不得超过 100 元人民币，每月充值金额累计不得超过 400 元人民币。据此，如果未成年人进行游戏充值符合该规定的，应当认定该充值行为有效。如果超出该范围，则应当认定为无效或者效力待定，等待法定代理人的追认。

对于未成年人通过家长的账号进行充值的行为，法院很难判断充值行为到底是成年人所为还是未成年人所为，因此家长在要求退款时，需要提供证据证明是未成年人冒用家长信息进行了充值。例如，可以提供监控记录证明孩子独立充值的证据，或者提供孩子盗用家长账号的证据。这些证据可以帮助家长证明账号是由未成年人控制和使用的，从而增加法院支持退款的可能性。

法律剧场

15岁的李某某通过手机下载某网络游戏，先后在游戏中充值，上述充值均来自李某某母亲的微信账号。后李某某的母亲罗某某诉至法院，请求判令游戏公司退回李某某所有充值金额6073元。

法院审理认为，李某某作为未成年人，理应将主要精力放在学习上，不应沉迷于游戏；李某某的父母作为李某某的监护人，应当对李某某进行必要的教育、监管并妥善保管好自己的付款账户信息。李某某多次、长时间玩网络游戏并对游戏账号进行多笔大额充值，持有付款账户的罗某某在长达一年半的时间内竟然对李某某的充值行为毫不知情，显然监护人对孩子的行为未做必要的管束。李某某的监护人对涉案损失的造成具有过错。而作为提供网络游戏相关服务的平台，应尽可能采取措施预防未成年人在其平台冒充他人身份注册和大额消费。但涉案游戏仅需要姓名及居民身份证号码即可注册登录，该注册登录显然缺乏其他的验证方式。而游戏公司亦未能举证证明其在用户注册时采取了诸如人脸识别等充分措施以保证注册人提供的身份信息与本人的一致性，致使李某某得以成功冒用罗某某的身份信息注册游戏账号并充值消费，亦具有过错。综合考虑合同效力、双方的过错程度和损失情况，法院酌情判定游戏公司向李某某折价补偿游戏消费的充值款6073元的30%即1821.9元，其余损失由李某某及其监护人自行承担。

法规之窗

《中华人民共和国民法典》

第十九条 八周岁以上的未成年人为限制民事行为能力人，实施民事法律行为由其法定代理人代理或者经其法定代理人同意、追认；但是，可以独立实施纯获利益的民事法律行为或者与其年龄、智力相适应的民事法律行为。

第一百五十七条 民事法律行为无效、被撤销或者确定不发生效力后，行为人因该行为取得的财产，应当予以返还；不能返还或者没有必要返还的，应当折价补偿。有过错的一方应当赔偿对方由此所受到的损失；各方都有过错的，应当各自承担相应的责任。法律另有规定的，依照其规定。

第 29 问

未成年人给主播打赏几万元的礼物，父母可以要求退回吗？

关于未成年人的打赏，可以主张返还款项的情况主要包括两类：一类是指未满 8 周岁的未成年人实施的直播打赏行为，因未满 8 周岁的未成年人属于无民事行为能力人，所实施的民事法律行为自始无效，父母作为法定代理人，可以通过民事诉讼的方式确认打赏行为无效，要求对方退还款项；另一类是 8 周岁以上未成年人，其大额的打赏行为在没有被法定代理人（一般情况下指未成年人的父母）同意或者追认的情况下，都可以主张其行为无效。打赏行为被确认无效或者被撤销后，法院将会判决返还或者折价补偿。

依据《民法典》第 145 条规定，直播平台及主播针对未成年人的打赏行为，可以对未成年人的法定代理人进行催告，通知其在 30 日内进行追认，是否追认由未成年人的法定代理人决定，不予追认或者没有作出表示的，视为拒绝追认。在未追认的情况下，父母作为代理人，可以通过到法院起诉的方式行使撤销权，要求返还相关款项。但值得注意的是，撤销权行使的法定期限为1年，家长作为法定代理人一定要记得及时维护自己的合法权益。

另外，在中央文明办、文化和旅游部、国家广播电视总局、国家互联网信息办公室《关于规范网络直播打赏　加强未成年人保护的意见》中明确规定：禁止未成年人参与直播打赏。网站平台应当坚持最有利于未成年人的原则，健全完善未成年人保护机制，严格落实实名制要求，禁止为未成年人提供现金充值、"礼物"购买、在线支付等各类打赏服务。网站平台不得研发上线吸引未成年人打赏的功能应用，不得开发诱导未成年人参与的各类"礼物"。发现网站平台违反上述要求，从严从重采取暂停打赏功能、关停直播业务等措施。

在诉讼中，家长作为原告要证明的一个关键问题是，充值打赏的行为是未成年人个人所为。对此可以通过提供视频、聊天记录等证据来证明家长是不知情的。最终法院能否支持退回款项，要根据事实证据来综合认定。

第 30 问

未成年人通过父母网络购物账号购物，父母不同意可以退货退款吗？

未成年人通过父母的网络购物账号自行购物，父母是否可以主张退款，本质上是要认定双方的买卖合同是否有效。

无论是在线上购物，还是在线下购物，无论是否签订书面合同，只要有购买行为就形成买卖合同关系。但对未成年人来说，该买卖合同是否有效，要看未成年人所购买的商品是否与其年龄、智力相适应。

例如，一个8岁左右的孩子帮助父母买一袋盐、一瓶酱油，这样的购买行为是有效的，因为一是有父母的同意；二是一袋盐、一瓶酱油的价格也就在几元到十几元，这个价值和8岁孩子的智力水平相适应。这样的买卖合同一般都是有效的。

但如果是与其年龄、智力水平不相适应的消费行为，买卖合同就很可能被认定为无效。例如，11岁的未成年人通过网络购买5000元的商品，按照社会一般观念，该消费超出其年龄、智力水平范畴，故该未成年人的父母可以通过提起民事诉讼的方式，请求法院确认买卖合同无效。并且依据《民法典》第157条的规定，民事法律行为无效、被撤销或者确定不发生效力后，行为人因该行为取得的财产，应当予以返还；不能返还或者没有必要返还的，应当折价补偿。有过错的一方应当赔偿对方由此所受到的损失；各方都有过错的，应当各自承担相应的责任。商家一般要承担返还货款的责任，未成年人已经取得商品的，如果不影响二次销售，应当返还。如果无法进行二次销售的，未成年人的父母应当进行补偿。

第 *31* 问

未成年人可以在社交媒体平台发表作品吗？
对发表的作品是否享有著作权？

目前，我国未成年人使用互联网的人数众多，未成年人在使用互联网接收信息的同时，在互联网发表文字、图片、视频等作品的情况也很常见。未成年人能否在社交媒体发表作品，取决于社交媒体平台的要求和限制，具体到不同平台，规定也有所不同。例如，新浪微博暂停了14岁以下未成年人的注册功能；抖音针对14岁以下的未成年用户设置了"青少年模式"，14岁以下未成年人无法发布内容、无法观看和开启直播等，以保护未成年人的健康成长，防止未成年人的个人信息泄露等。

从知识产权的角度，依据《著作权法》第2条第1款规定，中国公民、法人或者非法人组织的作品，不论是否发表，依照本法享有著作权。据此，未成年人可以创作作品并依法享有著作权。

　　未满 14 周岁的未成年人虽然可以创作作品，但发表方式会受到法律及不同平台规定的限制，被允许发布的，创作者对创作的作品享有著作权。未成年著作权人有权决定作品的使用方式，并享有复制、发行、展览、表演、放映、广播、信息网络传播等权利。未经未成年著作权人的许可，他人不得擅自使用。同时一定要注意，未成年人创作作品，其内容要合法且有利于未成年人身心健康。

　　另外，未成年人虽然可以发表作品，但目前未成年人进行网络直播还是不被允许的。根据《未成年人保护法》第 76 条规定，网络直播服务提供者不得为未满 16 周岁的未成年人提供网络直播发布者账号注册服务；为年满 16 周岁的未成年人提供网络直播发布者账号注册服务时，应当对其身份信息进行认证，并征得其父母或者其他监护人同意。

第 32 问

未成年人的发明创造是否可以申请专利，该如何申请？

《专利法》等相关法律法规并未对申请人的年龄进行限制，所以，只要符合依法申请专利的情形，未成年人的发明创造也一样可以申请专利。

在申请专利时，需要注意以下几个方面：

第一，发明创造包括发明、实用新型和外观设计。在申请前需要根据自身情况选择适合的类型。不同类型的申请条件、成本、权利保护内容以及专利权授予后的经济效益都有所不同。

第二，专利申请需要满足一定的条件，主要包括新颖性、创造性和实用性。申请的发明必须是在原有技术中所未有的、更为先进的。

第三，不同类型的专利申请需要经过不同的程序。发明专利需要经过初步审查和实质审查，而实用新型和外观设计只需经过初步审查即可授权公告。申请时需要提交相应的申请文件，如请求书、说明书、权利要求书等。

第四，发明专利的保护期限为 20 年，实用新型的保护期限为 10 年，外观设计的保护期限为 15 年，计算起始日期为申请日。

需要注意的是，科学发现、智力活动的规则和方法、疾病的诊断和治疗方法以及动物和植物品种等，不授予专利权。

第 33 问

网站、出版社等使用未成年人的作品，是否需要取得该未成年人同意？

未成年人创作的作品丰富多样，包括但不限于文学作品、绘画、音乐作品、影视作品等。这些作品体现了未成年人的创造力和想象力，是他们智慧和才华的结晶。

《著作权法》第10条规定，著作权包括发表权、署名权、修改权、保护作品完整权、复制权、发行权、出租权、展览权、表演权、放映权、广播权、信息网络传播权、摄制权、改编权、翻译权、汇编权等，这些权利都应当由著作权人享有。

如果作品的著作权人是未成年人，那么在使用这些作品时，是否需要取得未成年人的同意呢？根据《著作权法》第31条规定，使用他人作品的，不得侵犯作者的署名权、修改权、保护作品完整权和获得报酬的权利。这里的"他人"包括未成年人，因此，使用未成年人的作品，也需要取得他们的同意。

此外，还需要考虑到未成年人的法定监护人的权利。《未成年人节目管理规定》第24条规定，网络用户上传含有未成年人形象、信息的节目且未经未成年人法定监护人同意的，未成年人的法定监护人有权通知网络视听节目服务机构采取删除、屏蔽、断开链接等必要措施。这意味着，如果未经未成年人法定监护人的同意使用未成年人的作品，也可能会面临法律风险。因此，网站、出版社在使用未成年人的作品时，不仅需要取得未成年人的同意，还需要取得他们法定监护人的同意。

第 34 问

未成年人可以去酒吧喝酒吗?

《未成年人保护法》第17条规定,未成年人的父母或者其他监护人不得放任未成年人进入酒吧等不适宜未成年人活动的场所。所以,作为未成年人的监护人一定要尽到应尽的监护职责。

《未成年人保护法》第58条规定,学校周边不得设置酒吧等不适宜未成年人活动的场所,酒吧经营者不得允许未成年人进入,并应当在显著位置设置未成年人禁入标志、限入标志,对难以判明是否是未成年人的,应当要求其出示身份证件。

酒吧如未在显著位置设置未成年人禁入标志,或者未对未成年人身份进行核实,允许未成年人进入,造成未成年人损害后果的,受到伤害的未成年人的监护人可以提起民事诉讼要求酒吧和其他相关侵权人承担相应法律责任。即使未发生损害后果,为避免对未成年人的精神和身体造成伤害，未成年人的监护人也可以针对酒吧的相关违法行为，向市场监督管理部门进行投诉。

《基本医疗卫生与健康促进法》第78条第4款规定，禁止向未成年人出售烟酒。同时，《未成年人保护法》第59条也明确规定，禁止向未成年人销售烟、酒，任何人不得在学校、幼儿园和其他未成年人集中活动的公共场所吸烟、饮酒。

法规之窗

《中华人民共和国未成年人保护法》

第五十八条　学校、幼儿园周边不得设置营业性娱乐场所、酒吧、互联网上网服务营业场所等不适宜未成年人活动的场所。营业性歌舞娱乐场所、酒吧、互联网上网服务营业场所等不适宜未成年人活动场所的经营者，不得允许未成年人进入；游艺娱乐场所设置的电子游戏设备，除国家法定节假日外，不得向未成年人提供。经营者应当在显著位置设置未成年人禁入、限入标志；对难以判明是否是未成年人的，应当要求其出示身份证件。

第五十九条 学校、幼儿园周边不得设置烟、酒、彩票销售网点。禁止向未成年人销售烟、酒、彩票或者兑付彩票奖金。烟、酒和彩票经营者应当在显著位置设置不向未成年人销售烟、酒或者彩票的标志；对难以判明是否是未成年人的，应当要求其出示身份证件。

任何人不得在学校、幼儿园和其他未成年人集中活动的公共场所吸烟、饮酒。

第 35 问

未成年人可以单独到商店购买烟酒吗？

依据《未成年人保护法》第 59 条第 1 款规定，学校、幼儿园周边不得设置烟酒销售点，禁止向未成年人销售烟酒。烟酒经营者应当在显著位置设置不向未成年人销售烟酒的标志，对难以判明是否是未成年人的，应当要求其出示身份证件。

未成年人的监护人应从自己做起，不要让未成年人替自己购买烟酒，并且要监督、引导未成年人的不良行为，及时发现问题、解决问题。另外，对于烟酒经营者违反《未成年人保护法》的行为，未成年人的监护人可以向市场监督管理部门进行投诉或举报，发生相应损害后果的，可以要求经营者承担相应民事责任。

法律剧场

2019 年，北京市海淀区人民检察院针对在学校周

102

边向未成年人出售烟草制品的违法行为提起公益诉讼。海淀区人民检察院向区烟草专卖局、区市场监督管理局发出诉前检察建议：一是依法履行监督管理职责，对相关经营者的违法行为进行查处。二是进一步加强对辖区内未成年人禁烟保护问题的监管力度，切实保护未成年人身心健康及合法权益。两机关收到检察建议后，迅速制定整改落实方案，并开展联合执法行动，对涉案违法经营者进行查处。海淀区人民检察院全程跟进监督，强化沟通协作，多次监督现场执法检查活动，确保整改效果。最终涉案违法行为全部得到整改，对学校周边100米内存在违法行为的经营主体分别作出责令停止销售烟草制品、没收违法所得、罚款等处理决定。①

---

① 最高人民检察院第二十三批指导性案例：北京市海淀区人民检察院督促落实未成年人禁烟保护案（检例第88号），载最高人民检察院网https://www.spp.gov.cn/spp/jczdal/202012/t20201214_488891.shtml，最后访问日期：2024年12月6日。

第 36 问

未成年人骑车与他人发生交通事故，应当如何承担责任？

根据《道路交通安全法实施条例》第72条第1、2项的规定，在道路上驾驶自行车、三轮车的人员必须年满12周岁，驾驶电动自行车和残疾人机动轮椅车的人员必须年满16周岁。因此，如果未成年人未达到法定年龄而骑车，其本身就存在违法行为。

在发生交通事故后，应当第一时间报警，由交警进行现场勘查和责任认定。交警会根据当事人的行为对发生道路交通事故所起的作用以及过错的严重程度，确定当事人的责任。如果未成年人在骑车过程中遵守了交通规则，且事故是由于其他交通参与者的过错导致的，那么未成年人可能不承担责任或承担次要责任。反之，如果未成年人存在闯红灯、逆行、超速等违反交通规则的行为，并因此导致事故发生，那么其将承担主要责任或全部责任。

《民法典》第1188条规定："无民事行为能力人、限制民事行为能力人造成他人损害的，由监护人承担侵权责任。监护人尽到监护职责的，可以减轻其侵权责任。有财产的无民事行为能力人、限制民事行为能力人造成他人损害的，从本人财产中支付赔偿费用；不足部分，由监护人赔偿。"为了培养未成年人的避险意识以及责任意识，如果未成年人骑车发生交通事故并承担责任的，建议先从其本人财产（如压岁钱）中支付赔偿费用，不足部分再由监护人赔偿。

家长应当加强对未成年子女的监管和交通法规教育，增强他们的道路交通安全意识，同时切实履行好监护职责，对已满12周岁可以骑自行车和满16周岁可以骑行电动自行车的未成年人加强教育，掌握其出行路线、目的地，及时制止其违反交通法规的行为。未成年人自身也应增强交通安全意识，加强交通安全法规学习，选择合适的交通出行工具，关注自身安全、文明出行。

法律剧场

2020 年 11 月的一天，李某甲驾驶重型半挂牵引车由西往东行驶，与前方从道路右侧往左侧横过公路的李某乙（12 岁）所骑二轮自行车发生碰撞，造成自行车上搭乘的 12 岁的李某丙死亡，车辆受损。

经交警大队认定，李某甲与李某乙负事故的同等责任，李某丙不负此次事故的责任。李某甲驾驶的车辆在保险公司处投保了交强险及第三者责任险，且事故发生时在保险期间。事故发生后，李某甲支付了 9 万元给受害人亲属。其他损失因各方协商无果，遂诉至法院。

法院经审理认为，本案的争议焦点系该案责任比例如何划分。虽然保险合同约定被保险机动车一方负事故同等责任的，事故责任比例为 50%，但《江西省实施〈中华人民共和国道路交通安全法〉办法》第 67 条第 1 款第 2 项规定："非机动车驾驶人、行人一方负同等责任的，机动车一方承担百分之六十的赔偿责任。"保险合同违反行政法规的规定，该条款无效。因此保险公司应承担 60% 的赔偿责任，李某乙承担 40%

的赔偿责任。①

　　但由于李某乙系未成年人，根据《民法典》第1188条第1款规定，无民事行为能力人、限制民事行为能力人造成他人损害的，由监护人承担侵权责任。监护人尽到监护职责的，可以减轻其侵权责任。本案中，李某乙的监护人未提供证据证明其尽到监护职责，所以李某乙的监护人承担40%的赔偿责任。法院最终判决李某乙监护人向受害人父母支付赔偿款272394.3元。②

　　①　交通事故责任认定同等责任，双方要承担的赔偿比例各地的规定都有不同，案例中江西省的规定为非机动车一方应承担40%的责任，而如在广东省，非机动车一方则应承担50%的责任，具体比例详见各地的相关规定。
　　②　刘敏、曾潆逸：《12岁少年骑车与机动车相撞致同乘人死亡——法院：肇事双方同等责任，少年的监护人赔偿40%》，载《人民法院报》2021年8月3日，第3版。

第 37 问

未成年人使用共享单车发生交通事故，共享单车企业是否应当承担责任？

一般来说，如果未成年人在没有成年人监护的情况下使用共享单车并发生事故，那么主要责任可能会落在监护人身上。

然而，如果共享单车企业没有明确规定未成年人不能使用其服务，或者没有采取足够措施防止未成年人使用其服务，那么企业可能也需要承担一部分责任。此外，如果是由于共享单车的维护和安全问题导致的事故，那么企业可能需要承担更大的责任。

法律剧场

不满 12 周岁的高某通过以非法 App（应用程序）获取密码的方式解锁了 A 公司投放在公共场所的共享单车，在骑行过程中发生交通事故导致死亡，高某的父母起诉共享单车的经营者 A 公司，要求其立即收回所有带机械密码锁具单车；赔偿各项损失及精神损害抚慰金。

　　法院审理认定，首先，我国法律明确规定，在道路上驾驶自行车必须年满12周岁。而涉案共享单车的锁具设计显然未达到通常意义上的有效阻却不满12周岁的未成年人依通常方法使用车辆的合理标准。故被告A公司对于受害人高某骑行涉案共享单车因交通事故伤害致死的发生存在过错。其次，被告A公司对其车辆未尽合理限度的管理义务，与受害人高某在道路上骑行共享单车因交通事故死亡的损害后果之间存在因果关系。最后，高某的父母作为监护人，在对高某的日常行为教导、交通安全教育和监督保护等监护职责的履行上，存在严重的过错，这与本案悲剧的发生具有直接的关系。若两原告对于高某的日常行为和外出活动能够多一点关注和陪伴，事发当天能够早一点发现高某的骑行活动，或许能够避免本起严重交通事故的发生。

　　综上所述，本案受害人高某的死亡后果系多方原因所造成，各方应当按照各自的过错程度及原因力大小承担相应的责任。酌定被告A公司对于受害人一方除肇事机动车方及保险公司已经赔付的损失外的其余损失，按照10%的比例承担赔偿责任。

第 38 问

未成年人应当如何预防网络诈骗？

手机、平板电脑等在未成年人日常学习、生活中的普及，给诈骗分子以可乘之机。诈骗分子在短视频、游戏等 App 中通过向不特定账号发信息的方式，诱导未成年人进群给明星"打call"（应援）等，再以群内涉及泄露隐私等行为需要接受调查为理由，诱导未成年人将父母名下的存款转入诈骗分子账户中，未成年人因涉世未深，对诈骗分子的手段不能及时识破，很容易上当。

网络并不是一个绝对安全的空间，存在着各种各样的风险。在日常生活中，我们要多了解常见的网络诈骗手段和防范方法，提高识别和防范网络诈骗的能力。在网络上，不要轻易相信陌生人，尤其是那些主动添加好友、主动发信息的人。不要轻易点击来历不明的链接，这些链接可能会导致电脑或手机被病毒感染，造成个人信息泄露等问题。在网络上，不要随意透露自己的个人信息，包括姓名、电话、地址、身份证号等。在网络上遇到问题或者察觉自己可能被骗的，应该及时向父母或老师寻求帮助。尽量在正规的网络平台进行娱乐活动，避免在不安全的网站上留下个人信息。如果已经被骗，一定要及时报警。

《刑法》将行为人出于故意，具有非法占有公私财物的目的，虚构事实或者隐瞒真相，使得被害人陷入错误认识，从而作出财产处置，诈骗的财物数额较大的行为定性为诈骗罪（表3-1）。

表3-1 诈骗罪定罪量刑标准

情节	诈骗金额	刑罚	从重情节
数额较大	3000~1万元以上	3年以下有期徒刑、拘役或者管制，并处或者单处罚金	（1）通过发送短信、拨打电话或者利用互联网、广播电视、报刊杂志等发布虚假信息，对不特定多数人实施诈骗的；（2）诈骗救灾、抢险、防汛、优抚、扶贫、移民、救济、医疗款物的；（3）以赈灾募捐名义实施诈骗的；
数额巨大	3万~10万元以上	3年以上10年以下有期徒刑，并处罚金	

情节	诈骗金额	刑罚	从重情节
数额特别巨大	50万元以上	处10年以上有期徒刑或者无期徒刑，并处罚金或者没收财产	（4）诈骗残疾人、老年人或者丧失劳动能力人的财物的；（5）造成被害人自杀、精神失常或者其他严重后果的

第 39 问

未成年人高空抛物，监护人要承担什么责任？

近年来，高空抛物事件频发，危害性极大，未成年人对高空抛物的危害性没有准确认识，出于好奇和顽皮的心理而任性为之，给周围行人的人身和财产安全造成很大危害。未成年人实施了高空抛物行为，给受害人造成了实际的身体和财产损失的，其监护人要承担相应的民事赔偿责任，赔偿项目包括但不限于医疗费、护理费、误工费、残疾赔偿金、被扶养人生活费等。另外，难以确定具体侵权人的，除非能够证明自己不是侵权人，否则将被视为可能加害的建筑物使用人，给予受害人一定补偿。

除了民事责任之外，高空抛物情节严重的，还可能构成刑事犯罪。《刑法》规定了高空抛物罪，从建筑物或者其他高空抛掷物品，情节严重的，处 1 年以下有期徒刑、拘役或者管制，并处或者单处罚金。有高空抛物的行为，同时构成其他犯罪的，依照处罚较重的规定定罪处罚。另外，根据《最高人民法院关于依法妥善审理高空抛物、坠物案件的意见》规定，具有下列情形之一的，应当从重处罚，一般不得适用缓刑：（1）多次实施的；（2）经劝阻仍继续实施的；（3）受过刑事处罚或者行政处罚后又实施的；（4）在人员密集场所实施的；（5）其他情节严重的情形。

因高空抛物罪属于一般性质的犯罪，根据《刑法》的规定，16周岁以下的未成年人免予承担刑事责任，所以，未成年人只要年满16周岁，实施了高空抛物行为，造成严重后果或者情节严重的，则构成高空抛物罪，并且应当承担刑事责任。如果同时涉及其他故意杀人、故意伤害致人重伤或者死亡的，相应的责任年龄则降低至12周岁。

所以，未成年人的监护人一定要对未成年人进行充分的安全教育，告知未成年人相应的法律责任，避免高空抛物行为的发生。

法律剧场

原告在小区内散步经过A5栋时，被告的小孩从房屋阳台高空抛下一个装满水的矿泉水瓶，水瓶与原告擦身而过，导致原告惊吓后摔倒受伤。后经查看监控，确认了侵权事实。原告摔伤后入院治疗，诊断为两处骨折，后经鉴定为十级伤残。

法院审理认为，原告散步时被从高空抛下的水瓶惊吓后摔倒受伤，监控录像显示水瓶由被告租住房屋阳台抛下，双方确认抛物者为无民事行为能力人，被告是其监护人，因原告放弃向抛物者主张权利，最终判决被告向原告赔偿医疗费、护理费、交通费、住院伙食补助费、残疾赔偿金、鉴定费合计82512.29元；精神损害抚慰金10000元。

法规之窗

《中华人民共和国民法典》

第一千二百五十四条　禁止从建筑物中抛掷物品。从建筑物中抛掷物品或者从建筑物上坠落的物品造成他人损害的，由侵权人依法承担侵权责任；经调查难以确定具体侵权人的，除能够证明自己不是侵权人的外，由可能加害的建筑物使用人给予补偿。可能加害的建筑物使用人补偿后，有权向侵权人追偿。

物业服务企业等建筑物管理人应当采取必要的安全保障措施防止前款规定情形的发生；未采取必要的安全保障措施的，应当依法承担未履行安全保障义务的侵权责任。

发生本条第一款规定的情形的，公安等机关应当依法及时调查，查清责任人。

第 40 问

孩子被其他小朋友打，家长可以打回去吗？

作为家长，应该教育孩子尽量以理智的方式解决冲突。无论是成年人还是未成年人，都不能随意对他人进行身体上的伤害。根据《治安管理处罚法》第 43 条和《刑法》第 234 条等规定，如果家长因为孩子被其他小朋友打而选择打回去，属于故意伤害他人身体，可能需要承担行政责任甚至刑事责任，同时构成民事上侵权行为的，还需要承担相应的赔偿责任。

建议被打孩子的家长第一时间报警，将孩子被殴打的事实告知公安机关，请求公安机关立案调查。同时及时送孩子就医诊断伤情，保留好相关病历等证据。虽然未满 16 周岁的未成年人对一般的故意伤害案件无须承担行政责任或刑事责任，但报警的目的是将殴打的事实固定下来，作为后续与对方沟通，甚至通过法律途径维权的重要证据。

被打孩子的家长应该与打人孩子的家长或者监护人协商解决问题，要求其对自己的孩子进行教育，同时尝试沟通相关赔偿事宜。如果沟通无效或者对方家长不愿意赔偿的，被打孩子的家长可以选择通过法律途径来维护自己孩子的权益。例如，家长可以向学校或者相关教育部门投诉，还可以选择向法院提起民事诉讼，提供孩子的伤情证明、医疗费用单据、目击者证词等证据，要求对方赔偿相关的损失。

此外，学校对在校生也负有安全和教育管理义务，如果孩子在学校被其他孩子打，学校也应该承担一定的责任，家长可以通过法律途径要求学校承担赔偿责任。

法律剧场

8岁的小明在小区打球时被9岁的小强殴打致脸部、胸部、腹部受伤。小明当日到医院就诊，医院出具诊断书，诊断为胸部外伤、腹部外伤、面部外伤。小明的母亲以小明的名义起诉小强及小强的母亲，主张小强的母亲支付医疗费、护理费、交通费、营养费、补课费、误工费、精神损害抚慰金等各项赔偿共计10000元。

法院审理认为，无民事行为能力人、限制民事行为能力人造成他人损害的，由监护人承担侵权责任。根据查明事实，小强造成小明胸部、腹部及面部外伤，小明的损害结果与小强的行为有直接因果关系，小强应赔偿小明的合理损失。小强系限制民事行为能力人，其民事责任应由法定代理人承担。

法规之窗

《中华人民共和国治安管理处罚法》

第四十三条 殴打他人的，或者故意伤害他人身体的，处五日以上十日以下拘留，并处二百元以上五百元以下罚款；情节较轻的，处五日以下拘留或者五百元以下罚款。

有下列情形之一的，处十日以上十五日以下拘留，并处五百元以上一千元以下罚款：

（一）结伙殴打、伤害他人的；

（二）殴打、伤害残疾人、孕妇、不满十四周岁的人或者六十周岁以上的人的；

（三）多次殴打、伤害他人或者一次殴打、伤害多人的。

《中华人民共和国刑法》

第二百三十四条 故意伤害他人身体的，处三年以下有期徒刑、拘役或者管制。

犯前款罪，致人重伤的，处三年以上十年以下有期徒刑；致人死亡或者以特别残忍手段致人重伤造成严重残疾的，处十年以上有期徒刑、无期徒刑或者死刑。本法另有规定的，依照规定。

第 *41* 问

为未成年人提供文身服务违法吗?

依据《民法典》《未成年人保护法》《未成年人文身治理工作办法》等关于未成年人权益保护的规定,为未成年人文身实际上是对未成年人权益的侵害。

未成年人身心均未成熟,作出文身的决定多是受到外界影响,不清楚文身将为其带来的负面影响。另外,文身在身体健康方面也给未成年人带来很大危害,文身针刺是人为破坏表皮屏障的防御功能的行为,而且文身染料在注入皮肤后,可能引发皮肤黏膜产生皮炎等症状。尤其是选择一些不太正规、低成本的机构进行文身的话,将会面临更大的未知风险,不规范的消毒程序也会使文身成为传播传染病的因子。

所以,为未成年人提供文身是对未成年人的侵权行为,给未成年人造成损害的,需要承担赔礼道歉、支付医疗费等相应赔偿的法律后果。

法律剧场

2020年4月，江苏省沭阳县人民检察院在办理未成年人刑事案件中发现，一些涉案未成年人存在不同程度的文身，且大部分是满臂、满背的大面积文身，有文身馆存在为未成年人提供文身、清除文身服务的行为。其中，章某在其经营的文身馆中，累计为40余名未成年人提供文身服务。章某还在未取得医疗美容许可证的情况下，为7名未成年人清除文身。其间，曾有未成年人家长因反对章某为其子女文身而与其发生纠纷，公安机关介入处理。部分未成年人及父母反映因文身导致就学、就业受阻，文身难以清除，清除过程痛苦且易留瘢痕，但章某仍然向未成年人提供文身服务。

宿迁市人民检察院向宿迁市中级人民法院提起民事公益诉讼，请求判令：章某不得向未成年人提供文身服务，并在国家级媒体向社会公众公开赔礼道歉。

公益诉讼起诉人提出：第一，向未成年人提供文身服务损害社会公共利益。章某对文身对象不进行筛选，对未成年人文身行为予以放任，且文身经营活动具有开放性特征，导致其提供文身服务的未成年人数量众多。文身行为可能在未成年人中随时、随机出现，侵犯未成年人权益，属于侵犯社会公共利益，符合检察机关提起公益诉讼的情形。第二，文身破坏皮肤组织健康且极难清除，清除文身需要多次、反复治疗，并易留下瘢痕。文身容易被贴上负面评价的标签，易出现效仿和排斥双重效应，影响未成年人正常学习、生活、就业、社交。第三，未成年人心智尚不成熟，缺乏社会经验，对自身行为甄别能力不足，对行为后果缺乏理性判断，很多未成年人对自己的文身行为表示后悔。未成年人正值生长发育期，任何可能改变其正常身体发育状态、影响其健康成长的行为均应受到合理规制。《民法典》对未成年人实施民事法律行为的保护规定，《未成年人保护法》对未成年人生存权、发展权、受保护权、参与权等权利保护规定，都体现对未成年人的特殊、优先保护。章某明知未成年人文身的损害后果，仍为未成年人文身，不仅侵犯未成年人的身体权、健康权，也影响未成年人发展。

宿迁市中级人民法院作出一审判决，判令章某停止向未成年人提供文身服务，并在判决生效之日起10日内在国家级媒体公开向社会公众书面赔礼道歉。①

第 *42* 问

未成年人照片被网店擅自用作产品宣传图，网店是否构成侵权？

根据《民法典》第 1018 条第 2 款的规定，肖像是通过影像、雕塑、绘画等方式在一定载体上所反映的特定自然人可以被识别的外部形象。因此，如果网店使用了未成年人的照片作为产品宣传图，并且这些照片能够准确识别出未成年人的特定外部形象，那么就涉及未成年人肖像权的问题。

根据《民法典》第 1019 条第 1 款的规定，未经肖像权人同意，不得制作、使用、公开肖像权人的肖像，但是法律另有规定的除外。这意味着，如果网店未经许可使用未成年人的照片作为产品宣传图，这一类型的宣传因具有营利性质，所以需要获得未成年人及其监护人的同意，否则构成侵犯该未成年人的肖像权。

法律剧场

14岁的小花曾出演过电视剧。某日,小花发现电商平台的部分网店使用其照片作为店铺商品主页图,其中店铺名为"××家儿童摄影服饰道具"网店所展示的"儿童古装表演服装"产品配图中使用的1张照片,为小花于2014年拍摄的艺术写真照片,网店经营者为林某。小花遂将林某和电商平台诉至法院。

法院审理认为,肖像权是公民对自己的肖像享有利益并排斥他人侵害的权利,未经本人同意,任何人不得以营利为目的使用公民的肖像。本案中,林某经营的"××家儿童摄影服饰道具"店铺在产品展示照片中使用了小花的艺术写真照片1张,未征得小花及其法定代理人的同意、许可或授权,故林某的行为构成对小花肖像权的侵害。同时,电商平台作为提供互联网信息服务平台,其对网络用户在合法销售、服务上进行了提前规制与提示,现既无证据证明电商平台与网店经营者林某共同实施侵权行为,电商平台在接到投诉后又及时删除了侵权照片链接,尽到了网络服务平台应尽的义务,故电商平台不构成侵权。

关于侵权责任的承担方式以及损失如何计算问题，应当结合侵权时空因素、过错程度、受侵害人的知名度、侵权产品的类型与肖像及主体的紧密性，以及赔偿的惩罚性目的等因素综合考虑。目前，虽无充分的证据证明小花在影视界已经被人们所广泛知晓和关注，但其为未成年人，并且已出演过电视剧等因素应当被充分考虑，其艺术照片具有一定的商业价值，涉案艺术写真照片的形象被用于相关产品的展示并加以宣传正是基于此。但基于小花亦未提供证据证明林某或"××家儿童摄影服饰道具"网店使用其肖像持续时间以及获利情况等，法院最终酌定林某赔偿小花10000元。

四、犯罪刑罚

第 43 问

怎样防止未成年人被拐骗？

家长可通过以下方式预防未成年人被拐骗：第一，要教育孩子不要和陌生人交谈，不要接受陌生人的礼物，不要随便告诉陌生人自己的姓名、地址和电话等个人信息。第二，要帮助孩子熟记自己可以信任的亲人的电话号码，发生危险时孩子可以第一时间想办法联系亲人。第三，家长尽量接送孩子上下学，避免孩子单独行动。第四，加强网络安全教育，许多拐骗案件都是通过网络进行的，家长应该教育孩子正确使用网络，不随便添加陌生人为好友，不随便透露个人信息。第五，家长要教育未成年人，一旦发生危险，在被陌生人带走的过程中要抓住一切机会制造意外事件，引起他人关注。第六，未成年人的父母应当帮助未成年人建立可信任成年人的名单，并告知未成年人，除了可信任名单上的人之外，不要轻信任何人。

常见的拐骗手段有以下几种。

1.冒充熟人作案，如冒充孩子父母的朋友来接孩子。

2.利用物质利诱，如糖果、玩具、电子设备等。

3.盗窃抢劫，趁大人不注意将孩子偷走或抢走。

4.利用善心，利用孩子的善良进行拐骗。

5.威逼利诱，通过恐吓孩子来进行逼迫。

第 *44* 问

未成年人被拐骗后应当如何自救?

未成年人如不慎被拐骗,可采取以下方式自救:

第一,一定要保持冷静,做到这一点很不容易,但一定提醒自己,冷静才能作出正确的判断,才有希望自救。

第二,尽可能地记住被拐骗过程中的所有细节,包括拐骗者的长相、衣着、口音,以及自己被带到的地方的特征等。这些信息在自己有机会求助时或者在逃脱后对警方破案都非常有帮助。

第三,找机会向附近的人求救,或者找到合适的机会,让他人帮助自己报警,如可以用饿了、渴了或者想上厕所等理由,来创造接触其他人的机会。

第四,如果是在人较多的地方,一定要抓住一切机会引起周围人的注意,暂时拖延时间,找机会向身边其他人求助或者报警。

第五，如果是在比较偏僻、人烟稀少的地方，不要盲目反抗，首先要保证自己的人身安全，避免激怒犯罪分子，给自己带来危险。犯罪分子通常是为了求财，没有特殊情况一般不会对被拐骗者的人身进行伤害，一定要在保证自己人身安全的情况下，再找一切可能接触到外界的机会进行求助。

第六，在生命受到威胁的最紧要关头，要尽可能地利用身边的工具保护自己，即便会对拐骗者造成伤害，也无须顾虑太多，一切以自己的安全为主。

总之，面对危险一定要勇敢并且保持希望，记住有很多人在寻找自己，一定要坚持下去。

第 45 问

拐骗和拐卖儿童的区别是什么？
各自需承担什么法律责任？

拐骗儿童罪是指以欺骗、利诱或其他方法，使不满14周岁的未成年人脱离家庭或监护人的行为。拐卖儿童罪是指以出卖为目的，拐骗、绑架、收买、贩卖、接送、中转儿童的行为。

拐骗儿童罪和拐卖儿童罪的区别在于主观目的和行为方式，二者的刑罚也有所不同（表4-1）。拐骗儿童罪的主观目的可以是收养、奴役或报复等非出卖目的，行为人将儿童置于自己的实力支配下，但没有将儿童出卖的行为。而拐卖儿童罪的主观目的是出卖，行为人通过拐骗、绑架、收买等手段将儿童出卖给他人。

根据《刑法》规定，拐骗儿童罪的刑罚为5年以下有期徒刑或者拘役。而拐卖儿童罪的刑罚为5年以上

10年以下有期徒刑，并处罚金；如果有拐卖妇女、儿童三人以上等情形，处10年以上有期徒刑或者无期徒刑，并处罚金或者没收财产；情节特别严重的，处死刑，并处没收财产。

拐骗儿童罪主要惩处将儿童脱离家庭或监护人的行为，拐卖儿童罪则主要惩处将儿童出卖给他人的行为。

表4-1　拐骗儿童罪和拐卖儿童罪的区别

罪名	主观目的	行为方式	刑罚
拐骗儿童罪	收养、奴役、报复等	将儿童置于自己的实力支配下	5年以下有期徒刑或者拘役
拐卖儿童罪	出卖	通过拐骗、绑架、收买等手段将儿童出卖给他人	5年以上有期徒刑至死刑及附加刑

法律剧场

姚某用验孕棒测出怀孕后告知了丈夫甘某。之后姚某再次用验孕棒检测，结果却显示其并未怀孕。为了家庭关系以及继续向甘某索取钱财，姚某决定假装怀孕瞒骗甘某。近预产期时，姚某假称去医院产子离家，后哄骗甘某已产一子，但拒绝甘某探望、见面。

经多方打探，姚某得知某周姓人家有新生儿，决定将该婴儿抱回家给甘某一个交代。2021年12月某日，姚某开车到周家，以倒开水为由进入屋内，从婴儿母亲手里骗过孩子欲往车上抱，但被婴儿母亲抱回，姚某未得逞。2022年1月21日，姚某再次到该地转悠，被婴儿的爷爷奶奶发现，双方发生争执。因怀疑姚某为人贩子，二人便将姚某的车牌号和怀疑事由发到了微信群里，该消息被广泛转发到其他微信群，引发恐慌。次日，姚某再次驾车至周家附近，被村民拦截并报警。姚某到案后如实供述了犯罪事实。

法院经审理认为，被告人姚某以收养为目的，盗窃婴儿，其行为构成拐骗儿童罪。姚某已经着手实施犯罪，由于意志以外的原因未得逞，是犯罪未遂，可以比照既遂犯从轻处罚。姚某到案后如实供述罪行，可以从轻处罚。姚某自愿认罪认罚，可以依法从宽处理。依照相关法律规定，判决被告人姚某犯拐骗儿童罪，判处有期徒刑1年6个月。

法规之窗

《中华人民共和国刑法》

第二百六十二条 拐骗不满十四周岁的未成年人，脱离家庭或者监护人的，处五年以下有期徒刑或者拘役。

第二百四十条 拐卖妇女、儿童的，处五年以上十年以下有期徒刑，并处罚金；有下列情形之一的，处十年以上有期徒刑或者无期徒刑，并处罚金或者没收财产；情节特别严重的，处死刑，并处没收财产：

（一）拐卖妇女、儿童集团的首要分子；

（二）拐卖妇女、儿童三人以上的；

（三）奸淫被拐卖的妇女的；

（四）诱骗、强迫被拐卖的妇女卖淫或者将被拐卖的妇女卖给他人迫使其卖淫的；

（五）以出卖为目的，使用暴力、胁迫或者麻醉方法绑架妇女、儿童的；

（六）以出卖为目的，偷盗婴幼儿的；

（七）造成被拐卖的妇女、儿童或者其亲属重伤、死亡或者其他严重后果的；

（八）将妇女、儿童卖往境外的。

拐卖妇女、儿童是指以出卖为目的，有拐骗、绑架、收买、贩卖、接送、中转妇女、儿童的行为之一的。

第 *46* 问

未成年人被拐卖后被迫参与盗窃、诈骗、抢夺的，对组织者应当如何处罚？

　　社会上一些不法分子利欲熏心，通过拐卖或者拐骗未成年人，再逼迫未成年人从事盗窃、诈骗等违法活动，试图利用对未成年人犯罪不追究刑事责任的法律规定逃避法律的制裁，对未成年人的身心造成极大的伤害。

　　《刑法》第262条之一和第262条之二对于此类组织未成年人进行违法犯罪活动的行为作了针对性的规定，分别为组织儿童乞讨罪和组织未成年人进行违反治安管理活动罪。其中，以暴力、胁迫手段组织不满14周岁的未成年人乞讨的，处3年以下有期徒刑或者拘役，并处罚金；情节严重的，处3年以上7年以下有期徒刑，并处罚金。组织未成年人进行盗窃、诈骗、抢夺、敲诈勒索等违反治安管理活动的，处3年以下有期徒刑或者拘役，并处罚金；情节严重的，处3年以上7年以下有期徒刑，并处罚金。

这里的"情节严重"，是指组织多人、残疾未成年人，多次组织未成年人进行违法活动，对未成年人采取暴力、威胁、虐待等手段，或者通过未成年人的违法行为获利数额较大等情节。如果未成年人在还没有实施盗窃、诈骗、抢夺、敲诈勒索等违反治安管理活动的行为之前，组织行为就被告发，也构成本罪，属于犯罪的预备，对于预备犯，应当按照《刑法》第22条的规定，可以比照既遂犯从轻、减轻处罚或者免除处罚。

法律剧场

张某为获取非法利益，采用殴打、言语威胁等暴力手段，以及专人看管、"打欠条"经济控制、扣押身份证等限制人身自由的手段，控制17名未成年女性在其经营的KTV（营业性娱乐场所）内提供有偿陪侍服务。张某要求未成年女性着装暴露，提供陪酒以及让客人搂抱等色情陪侍服务。17名未成年被害人因被组织有偿陪侍而沾染吸烟、酗酒、夜不归宿等不良习惯，其中吴某等因被组织有偿陪侍而辍学，杜某某等出现性格孤僻、自暴自弃等情形。

人民法院作出判决，认定张某具有自首情节，以组织未成年人进行违反治安管理活动罪判处张某有期徒刑 2 年，并处罚金 10 万元。一审宣判后，张某以量刑过重为由提出上诉，某市中级人民法院以"积极主动缴纳罚金"为由对其从轻处罚，改判张某有期徒刑 1 年 6 个月，并处罚金 10 万元。

同级检察机关认为二审判决对张某量刑畸轻，改判并减轻刑罚理由不当，确有错误，按照审判监督程序提请省人民检察院抗诉。省人民检察院依法向省高级人民法院提出抗诉，省高级人民法院依法开庭审理。省检察院派员出庭发表意见：一是侵害未成年人犯罪依法应予严惩，本案查实的未成年陪侍人员达 17 名，被侵害人数众多；二是张某自 2018 年开始组织未成年人进行有偿陪侍活动，持续时间较长；三是张某采用殴打、言语威胁、扣押身份证、强制"打欠条"等手段，对被害人进行人身和经济控制，要求陪侍人员穿着暴露，提供陪酒以及让客人搂抱等色情陪侍服务，对被害人身心健康损害严重；四是17名被害人因被组织有偿陪侍，沾染吸烟、酗酒、夜不归宿等不良习惯，部分未成年人出现辍学、自暴自弃、心理障碍等情况，危害后果严重。综合上述情节，本案应认定为"情节严重"。此外，张某虽自动投案，但在投案后拒不承认其经营KTV的陪侍人员中有未成年人，在公安机关掌握其主要犯罪事实后才如实供述，依法不应认定为自首。省高级人民法院最终依法作出判决，采纳检察机关意见，改判张某有期徒刑5年，并处罚金30万元。①

---

① 最高人民检察院第四十三批指导性案例：惩治组织未成年人进行违反治安管理活动犯罪综合司法保护案（检例第173号），载最高人民检察院网 https://www.spp.gov.cn/spp/jczdal/202303/t20230301_604987.shtml，最后访问日期：2024年12月6日。

第 *47* 问

家长对未成年人进行暴力体罚，是否构成犯罪？

在我国，"不打不成器""打是亲，骂是爱"的教育理念至今仍然存在，偶尔打骂孩子一般不构成犯罪，只是家长的教育方法不当。但如果家长所谓"教育子女"的行为超过一定限度，如经常暴打孩子，导致轻伤以上的伤害后果的，就可以构成故意伤害罪。

根据《刑法》第 234 条的规定，故意伤害他人身体的，处 3 年以下有期徒刑、拘役或者管制。犯前款罪，致人重伤的，处 3 年以上 10 年以下有期徒刑；致人死亡或者以特别残忍手段致人重伤造成严重残疾的，处 10 年以上有期徒刑、无期徒刑或者死刑。本法另有规定的，依照规定。

遭受家长暴力行为的未成年人，一定不要认为自已犯了错，父母实施暴力行为是合理合法的，要认识到这不属于正常的教育或者管教行为，更重要的是，这样的行为会导致自己的健康和生命受到威胁。在此提醒广大未成年人，在遭受家长的暴力时一定要第一时间想办法离开施暴的家长，寻求其他家庭成员或者外界帮助，情况严重的一定要及时报警。

法律剧场

叶某1因儿子叶某2不听话，用小竹枝殴打叶某2的小腿、手掌、背部等部位，并且将小竹枝放在地上，让叶某2脱光衣服后跪在竹枝上。之后，叶某1用塑料卡扣将叶某2的双手绑到椅背上，被告人叶某3和杨某用绳子将叶某2的双脚绑在椅子上，叶某1用小竹枝继续殴打叶某2的背部和腿部。后叶某1因要离开去打麻将，便授意被告人叶某3、杨某二人帮忙教训殴打叶某2。叶某1离开后，叶某3将叶某2的裤子脱到膝盖的位置，并和杨某用竹条、网线殴打叶某2的背部、臀部等身体部位，造成叶某2背部、臀部等身体多部位受伤。经鉴定，叶某2的人体损伤程度为轻伤一级。

　　法院最终以故意伤害罪分别判决叶某1、叶某3、杨某有期徒刑1年；有期徒刑9个月，缓刑1年2个月；有期徒刑8个月，缓刑1年。

第 *48* 问

未成年人盗窃他人财物，需要承担
什么法律责任？

依据《刑法》的规定，未满16周岁的未成年人的盗窃行为不构成刑法上的盗窃罪，不需要承担刑事责任。但已满16周岁的人盗窃的，则需要依据《刑法》第264条的规定承担相应刑事责任："盗窃公私财物，数额较大的，或者多次盗窃、入户盗窃、携带凶器盗窃、扒窃的，处三年以下有期徒刑、拘役或者管制，并处或者单处罚金；数额巨大或者有其他严重情节的，处三年以上十年以下有期徒刑，并处罚金；数额特别巨大或者有其他特别严重情节的，处十年以上有期徒刑或者无期徒刑，并处罚金或者没收财产。"

所以，已满16周岁未满18周岁的未成年人，盗窃数额达到数额较大的标准，或者多次盗窃、入户盗窃、携带凶器盗窃、扒窃的，构成盗窃罪，但又因为犯罪嫌疑人是未满18周岁的未成年人，依据《刑法》第17条的规定，应当从轻或者减轻处罚。

法律剧场

未成年人甲、乙、丙三人合伙，采用撬锁的方式多次盗窃他人电瓶车充电桩内的硬币，共计人民币780元。

法院经审理认为，被告人甲、乙、丙以非法占有为目的，多次合伙盗窃他人财物，其行为已构成盗窃罪。被告人甲、乙、丙实施犯罪时不满18周岁，依法应当从轻或者减轻处罚。三被告人在共同犯罪中分工协作，积极实施盗窃行为，并共同分赃，三人的地位、作用基本相当，不宜区分主从犯；三被告人在不同时间段相距较远的不同地点实施的数个独立的盗窃行为，应认定为多次盗窃；综合考虑三被告人具有坦白、退赃、认罪认罚等情节，法院遂依法判处被告人甲拘役2个月，缓刑6个月，并处罚金人民币1000元；被告人乙拘役2个月，缓刑6个月，并处罚金人民币1000元；被告人丙拘役1个月15日，缓刑6个月，并处罚金人民币1000元。

第49问

未成年人抢夺他人财物,需要
承担什么法律责任?

对于16周岁以下的未成年人,一般犯罪无须承担刑事责任。抢夺他人财物,只要在未携带凶器的情况下,属于一般犯罪,不承担刑事责任。但如果携带凶器进行抢夺的,则一般会被定性为抢劫罪,而抢劫罪属于社会危害性较大的严重犯罪,只要未成年人年龄在14周岁以上,就要承担相应的刑事责任,以抢劫罪定罪量刑。但又因未满18周岁,法院在审判时,在法定量刑的基础上,会对未成年人从轻或者减轻处罚。

法律剧场

章某伙同游某某、陈某某,持刀抢夺多名被害人,抢劫现金及物品价值金额总计7000余元,一审法院以抢劫罪判处章某有期徒刑5年,并处罚金人民币3000元。宣判后,原审被告人章某不服,以"作案时未满

16周岁，系从犯，认罪态度好，量刑过重"为由，提出上诉。

二审法院查明，上诉人章某作案前与同伙共谋，实施抢夺时随身携带凶器，在参与的三次犯罪中两次动手实施抢夺，在共同犯罪中起主要作用，应系主犯。

上诉人章某以非法占有为目的，伙同他人携带凶器抢夺财物，其行为构成抢劫罪，应依法惩处。上诉人章某属多次抢劫，依法应处10年以上有期徒刑、无期徒刑或者死刑。一审判决已根据上诉人章某作案时系未成年人、认罪态度好等情节，对其减轻处罚，所作量刑并无不当，故上诉人章某所提"量刑过重"的上诉理由不能成立，二审法院未予采纳。

法规之窗

《中华人民共和国刑法》

第二百六十七条 抢夺公私财物，数额较大的，或者多次抢夺的，处三年以下有期徒刑、拘役或者管制，并处或者单处罚金；数额巨大或者有其他严重情节的，处三年以上十年以下有期徒刑，并处罚金；数额特别巨大或者有其他特别严重情节的，处十年以上有期徒刑或者无期徒刑，并处罚金或者没收财产。

携带凶器抢夺的，依照本法第二百六十三条的规定定罪处罚。

第二百六十三条 以暴力、胁迫或者其他方法抢劫公私财物的，处三年以上十年以下有期徒刑，并处罚金；有下列情形之一的，处十年以上有期徒刑、无期徒刑或者死刑，并处罚金或者没收财产：

（一）入户抢劫的；

（二）在公共交通工具上抢劫的；

（三）抢劫银行或者其他金融机构的；

（四）多次抢劫或者抢劫数额巨大的；

（五）抢劫致人重伤、死亡的；

（六）冒充军警人员抢劫的；

（七）持枪抢劫的；

（八）抢劫军用物资或者抢险、救灾、救济物资的。

第 50 问

未成年人遭受性骚扰和性侵害时应该怎么办？

首先，家长要教育未成年人如何辨别性骚扰和性侵害。很多加害人在实施性侵害之前对未成年人往往都实施过性骚扰，而很多加害人又是未成年人身边熟悉的人，家长没有重视，未成年人一般不懂得如何辨别和应对，这给了加害人进一步实施性侵害的机会。所以，家长要引起重视，提早对未成年人进行相关教育，如教会未成年人身体的隐私部位不能让他人触碰，发生被骚扰或者被侵害的情况时一定要第一时间告知家长等。

其次，如果未成年人不幸遭受性侵害，一定要第一时间报警，并且第一时间要求验伤，不要给孩子洗澡、换衣服，固定好相应的证据，配合警方调查，将犯罪嫌疑人绳之以法。

对于性侵未成年人犯罪，《刑法》作了相对完善的规定,《刑法修正案(十一)》增加了负有照护职责人员性侵罪,加大了对性侵未成年人犯罪的打击力度。因此,未成年人在遭受性骚扰和性侵害时,应该及时采取行动,保护自己的权益。

另外,在民事方面,根据《民法典》和《妇女权益保障法》的相关规定,如果未成年人遭受性骚扰,受害人有权依法请求行为人承担相应民事责任。单位和组织也应当采取合理的预防、受理投诉、调查处置等措施,防止和制止利用职权、从属关系等实施性骚扰。如果经营场所、公共场所的经营者、管理者或者群众性活动的组织者未尽到安全保障义务,造成他人损害,也应当承担侵权责任。

学校、幼儿园等教育机构对于性侵害、性骚扰未成年人等违法犯罪行为,应当及时向公安机关、教育行政部门报告,并采取相关的保护措施。国家机关、居民委员会、村民委员会等单位及其工作人员,在工作中发现未成年人身心健康受到侵害、疑似受到侵害或者面临其他危险情形时,也应当立即向有关部门报告。因此,未成年人及其家长可以寻求学校和相关单位的支持和帮助，共同保护未成年人的权益。

法规之窗

《中华人民共和国刑法》

第二百三十六条 以暴力、胁迫或者其他手段强奸妇女的，处三年以上十年以下有期徒刑。

奸淫不满十四周岁的幼女的，以强奸论，从重处罚。

强奸妇女、奸淫幼女，有下列情形之一的，处十年以上有期徒刑、无期徒刑或者死刑：

（一）强奸妇女、奸淫幼女情节恶劣的；

（二）强奸妇女、奸淫幼女多人的；

（三）在公共场所当众强奸妇女、奸淫幼女的；

（四）二人以上轮奸的；

（五）奸淫不满十周岁的幼女或者造成幼女伤害的；

（六）致使被害人重伤、死亡或者造成其他严重后果的。

第二百三十六条之一 对已满十四周岁不满十六周岁的未成年女性负有监护、收养、看护、教育、医疗等特殊职责的人员，与该未成年女性发生性关系的，处三年以下有期徒刑；情节恶劣的，处三年以上十年以下有期徒刑。

有前款行为，同时又构成本法第二百三十六条规定之罪的，依照处罚较重的规定定罪处罚。

第 *51* 问

利用未成年人运输毒品，应当如何处罚？

根据《刑法》的规定，利用未成年人运输毒品属于运输毒品罪的加重情节。这里的"利用"是指毒品犯罪分子采取雇用、收买、胁迫未成年人的方式，或者用其他方法使未成年人参与运输毒品犯罪活动的行为。例如，让未成年人携带毒品进出边境，或者把毒品从一地运往另一地，而犯罪分子在幕后操纵、指挥、策划等。"教唆"是指毒品犯罪分子指使、引诱未成年人进行毒品犯罪的行为。

对于教唆未成年人犯罪的，如果是教唆未成年人走私毒品，教唆者构成走私毒品罪；如果是教唆未成年人贩卖毒品，教唆者构成贩卖毒品罪，即使教唆者本人没有亲自参与被教唆人所进行的走私、贩毒活动，也要依照法律规定定罪，并且从重处罚。

法律剧场

2001年12月至2007年1月，被告人刘付成单独或伙同他人组织多人（其中多数为艾滋病人）到云南省芒市、瑞丽市，采用人体藏毒等方式向河南省郑州市、广东省广州市等地运输海洛因9次，每次运输海洛因50克到976克不等，共计运输海洛因2666.62克。

2005年7月至2008年4月，被告人刘付成共计贩卖海洛因12次991.8克。其中，刘付成直接与购毒人员交易海洛因4次，指使他人与购毒人员交易8次（其中3次系指使同一名未成年人与购毒人员交易）。

刘付成到案后，揭发他人贩卖、运输海洛因296克的犯罪行为，经查证属实。

法院经审理认为，被告人刘付成明知是毒品而贩卖、运输，其行为已构成贩卖、运输毒品罪。刘付成贩卖、运输毒品次数多、数量大，社会危害大。刘付成在共同犯罪中起主要作用，系主犯，且具有组织艾滋病人运输毒品，利用未成年人贩卖毒品等情节，罪行极其严重，应依法从重处罚。刘付成到案后揭发他人重大犯罪行为，经查证属实，具有重大立功表现，但刘付成所犯罪行极其严重，功不足以抵罪，依法不予从轻处罚。据此，依法对被告人刘付成判处并核准死刑。①

法规之窗

《中华人民共和国刑法》

第三百四十七条 走私、贩卖、运输、制造毒品，无论数量多少，都应当追究刑事责任，予以刑事处罚。

走私、贩卖、运输、制造毒品，有下列情形之一的，处十五年有期徒刑、无期徒刑或者死刑，并处没收财产：

（一）走私、贩卖、运输、制造鸦片一千克以上、海洛因或者甲基苯丙胺五十克以上或者其他毒品数量大的；

（二）走私、贩卖、运输、制造毒品集团的首要分子；

（三）武装掩护走私、贩卖、运输、制造毒品的；

---

① 最高人民法院公布毒品犯罪及吸毒诱发的严重犯罪典型案例之一：刘付成等贩卖、运输毒品案，载最高人民法院公报网 http://gongbao.court.gov.cn/Details/3728d4acbae54c2621eeb743ee477d.html，最后访问日期：2024 年 12 月 6 日。

（四）以暴力抗拒检查、拘留、逮捕，情节严重的；

（五）参与有组织的国际贩毒活动的。

走私、贩卖、运输、制造鸦片二百克以上不满一千克、海洛因或者甲基苯丙胺十克以上不满五十克或者其他毒品数量较大的，处七年以上有期徒刑，并处罚金。

走私、贩卖、运输、制造鸦片不满二百克、海洛因或者甲基苯丙胺不满十克或者其他少量毒品的，处三年以下有期徒刑、拘役或者管制，并处罚金；情节严重的，处三年以上七年以下有期徒刑，并处罚金。

单位犯第二款、第三款、第四款罪的，对单位判处罚金，并对其直接负责的主管人员和其他直接责任人员，依照各该款的规定处罚。

利用、教唆未成年人走私、贩卖、运输、制造毒品，或者向未成年人出售毒品的，从重处罚。

对多次走私、贩卖、运输、制造毒品，未经处理的，毒品数量累计计算。

第 52 问

引诱未成年人吸食毒品，构成犯罪吗？

　　未成年人正处于世界观、人生观、价值观形成的关键时期，往往不能认识或者不能正确认识毒品的危害性，比成年人更容易被引诱、教唆或者欺骗而吸食毒品。吸食毒品会给未成年人的身心健康带来极大危害，给他们正常学习生活带来极大负面影响，影响其成长成才，在将来也可能成为社会的不稳定因素。所以，《刑法》第353条第1款规定，引诱、教唆、欺骗他人吸食、注射毒品的，处3年以下有期徒刑、拘役或者管制，并处罚金；情节严重的，处3年以上7年以下有期徒刑，并处罚金。其第3款明确，对引诱、教唆、欺骗或者强迫未成年人吸食、注射毒品的行为依法从重处罚。

法律剧场

欧阳某某2014年6月10日因犯开设赌场罪被法院判处有期徒刑1年，缓刑1年6个月，并处罚金人民币5000元。2015年2月17日至3月17日，欧阳某某在缓刑考验期内，先后4次在自家房内或附近酒店房间内教唆未成年人欧某通过熏烤的方式吸食海洛因。

法院经审理认为，欧阳某某多次教唆他人吸食毒品海洛因，其行为构成教唆他人吸毒罪。欧阳某某在缓刑考验期内犯新罪，应当撤销缓刑，合并执行。欧阳某某教唆未满18周岁的人吸毒，应从重处罚。据此，依法以教唆他人吸毒罪，判处欧阳某某有期徒刑2年，并处罚金人民币2000元，同时撤销缓刑，合并执行有期徒刑2年6个月，并处罚金7000元。

第 53 问

组织未成年人从事卖淫活动，
应当如何处罚？

　　未成年人正处在成长发育时期，强迫其从事卖淫活动，对其生理发育和身心健康无疑是极大的摧残，未成年人往往缺少必要的自我保护意识和自我控制能力，特别容易受到侵害。因此，法律必须给予其特殊保护。组织未成年人从事卖淫活动构成组织卖淫罪，依照《刑法》第 358 条第 2 款的规定应当从重处罚。

　　根据《最高人民法院、最高人民检察院关于办理组织、强迫、引诱、容留、介绍卖淫刑事案件适用法律若干问题的解释》的规定：

　　（1）组织他人卖淫，卖淫人员中未成年人、孕妇、智障人员、患有严重性病的人累计达 5 人以上的，应当认定为《刑法》第 358 条第 1 款规定的"情节严重"；

（2）协助组织他人卖淫，招募、运送的卖淫人员中未成年人、孕妇、智障人员、患有严重性病的人累计达5人以上的，应当认定为《刑法》第358条第4款规定的"情节严重"；

（3）强迫他人卖淫，卖淫人员中未成年人、孕妇、智障人员、患有严重性病的人累计达3人以上的，应当认定为《刑法》第358条第1款规定的"情节严重"；

（4）根据《刑法》第358条第2款的规定，组织、强迫未成年人卖淫的，应当从重处罚；

（5）容留、介绍未成年人、孕妇、智障人员、患有严重性病的人卖淫的，应当依照《刑法》第359条第1款的规定定罪处罚；

（6）引诱3人以上的未成年人、孕妇、智障人员、患有严重性病的人卖淫，或者引诱、容留、介绍5人以上该类人员卖淫的，应当认定为《刑法》第359条第1款规定的"情节严重"。

法律剧场

彭某、江某、周某等人先后组织邱某等四名未成年人和蒋某接受性服务培训，通过控制生活开支、殴打、欺骗吸毒等方式管理、控制邱某等四名未成年人和蒋某实施卖淫服务。经检测和鉴定，邱某等四名未成年人和蒋某尿液中均检出甲基苯丙胺成分。

法院依法判处被告人彭某、江某、周某犯组织卖淫罪、欺骗他人吸毒罪，数罪并罚决定执行有期徒刑8年6个月至3年7个月不等，并处罚金14000元至9000元不等，同时追缴被告人的违法所得。

法规之窗

《中华人民共和国刑法》

第三百五十八条 组织、强迫他人卖淫的，处五年以上十年以下有期徒刑，并处罚金；情节严重的，处十年以上有期徒刑或者无期徒刑，并处罚金或者没收财产。

组织、强迫未成年人卖淫的，依照前款的规定从重处罚。

犯前两款罪，并有杀害、伤害、强奸、绑架等犯罪行为的，依照数罪并罚的规定处罚。

为组织卖淫的人招募、运送人员或者有其他协助组织他人卖淫行为的，处五年以下有期徒刑，并处罚金；情节严重的，处五年以上十年以下有期徒刑，并处罚金。

第三百五十九条 引诱、容留、介绍他人卖淫的，处五年以下有期徒刑、拘役或者管制，并处罚金；情节严重的，处五年以上有期徒刑，并处罚金。

引诱不满十四周岁的幼女卖淫的，处五年以上有期徒刑，并处罚金。

第 54 问

通过网络强迫、威胁未成年人拍摄并发送隐私部位的照片、视频，构成犯罪吗?

《刑法》中虽然没有对猥亵儿童的具体方式作出列举，但实践中，只要行为人主观上以满足性刺激为目的，客观上实施了猥亵儿童的行为，侵害了儿童人格尊严和身心健康，就应当认定构成猥亵儿童罪。

通过网络强迫、威胁未成年人拍摄并发送隐私部位的照片、视频，严重侵害了未成年人的人格尊严和心理健康。通过网络的方式实施猥亵行为，虽然没有直接接触到被害未成年人，但与实际接触未成年人身体的猥亵行为具有相同的社会危害性。依据《刑法》规定，此类行为构成猥亵儿童罪，处 5 年以下有期徒刑或者拘役；情节恶劣的，处 5 年以上有期徒刑。

法律剧场

骆某使用QQ加13岁女童为好友，并通过言语和第三人对其进行恐吓，向其索要裸照。女童被迫按照其要求自拍裸照后，通过QQ传送给骆某观看。后骆某又以在网络上公布女童的裸照相威胁，要求与其见面并在宾馆开房，企图进一步实施猥亵行为。因女童向公安机关报案，骆某在依约前往宾馆的途中被抓获。

法院经审理认为，被告人骆某以寻求性刺激为目的，通过网络聊天对不满14周岁的女童进行言语威胁，强迫被害人按照要求自拍裸照供其观看，已构成猥亵儿童罪（既遂），依法应当从重处罚。最终认定被告人骆某犯猥亵儿童罪，判处有期徒刑2年。

法规之窗

《中华人民共和国刑法》

第二百三十七条　以暴力、胁迫或者其他方法强制猥亵他人或者侮辱妇女的，处五年以下有期徒刑或者拘役。

聚众或者在公共场所当众犯前款罪的，或者有其他恶劣情节的，处五年以上有期徒刑。

猥亵儿童的，处五年以下有期徒刑；有下列情形之一的，处五年以上有期徒刑：

（一）猥亵儿童多人或者多次的；

（二）聚众猥亵儿童的，或者在公共场所当众猥亵儿童，情节恶劣的；

（三）造成儿童伤害或者其他严重后果的；

（四）猥亵手段恶劣或者有其他恶劣情节的。

第 55 问

给未成年人播放黄色录像，构成犯罪吗？

给未成年人播放黄色录像，构成传播淫秽物品罪，并且向不满18周岁的未成年人传播淫秽物品的，属于从重处罚的情形。

未成年人是需要在法律上特殊保护的群体，由于未成年人认识能力受到年龄的限制，对淫秽物品的性质和危害性往往缺乏正确的认识，向未成年人传播淫秽物品，会导致未成年人形成错误的世界观、人生观，甚至诱发未成年人实施违法犯罪行为，社会危害性更为严重。因此，对引诱、教唆未成年人以及对未成年人实施的犯罪行为，必须予以严厉打击，这是立法和司法实践中一贯坚持的。

《刑法》第364条第1款规定，传播淫秽的书刊、影片、音像、图片或者其他淫秽物品，情节严重的，处2年以下有期徒刑、拘役或者管制。其第4款规定，向不满18周岁的未成年人传播淫秽物品的，从重处罚。

法律剧场

黄某某在某物业公司从事保安工作。黄某某的同事罗某某通过手机微信发送了多部淫秽视频给黄某某。黄某某在小区内利用自己巡查的便利多次寻找在小区内玩耍的未成年人，故意将手机内的淫秽视频播放给未成年人观看。黄某某的行为致使刘某甲（女，11岁）、刘某乙（女，9岁）、萧某某（女，8岁）、肖某某（女，10岁）、陈某某（女，10岁）、邓某某（女，8岁）等多名未成年人身心健康受到严重的不良影响，并造成了恶劣的社会后果。

公诉机关认为，被告人黄某某利用手机向未成年人传播淫秽视频，情节严重，其行为触犯了《刑法》第364条第1款、第4款，犯罪事实清楚，证据确实、充分，应当以传播淫秽物品罪追究其刑事责任。

法院经审理认为，被告人黄某某利用手机向未成年人传播淫秽视频，情节严重，其行为已构成传播淫秽物品罪，依法应当追究刑事责任。被告人黄某某到案后，如实供述自己的罪行，是坦白，依法可从轻处罚。据此判决被告人黄某某犯传播淫秽物品罪，判处有期徒刑9个月。

第56问

未成年人向他人勒索财物，构成犯罪吗？

根据《刑法》规定，以非法占有为目的，用威胁或者要挟的方法，抢夺公私财物，数额较大或者多次敲诈勒索的行为，构成敲诈勒索罪。

敲诈勒索罪是否成立的关键条件是涉案金额（表4-2）。构成敲诈勒索罪，必须是敲诈勒索的财物数额较大或者多次敲诈勒索。另外，涉案金额还和处罚刑期的长短有关。根据《刑法》第274条的规定，涉案数额较大的，处3年以下有期徒刑、拘役或者管制，并处或者单处罚金；数额巨大或者有其他严重情节的，处3年以上10年以下有期徒刑，并处罚金；数额特别巨大或者有其他特别严重情节的，处10年以上有期徒刑，并处罚金。

表4-2　敲诈勒索罪的量刑标准

情节	敲诈勒索金额	刑罚
数额较大	2000~5000元以上	处3年以下有期徒刑、拘役或者管制，并处或者单处罚金
数额巨大	3万~10万元以上	处3年以上10年以下有期徒刑，并处罚金
数额特别巨大	30万~50万元以上	处10年以上有期徒刑，并处罚金

如果该未成年人已经年满16周岁，以非法占有他人财物为目的，实施了以威胁或者要挟的方法勒索财物的行为，金额在2000元以上的，则构成敲诈勒索罪，并应对此负刑事责任。如果是当场使用暴力或携带凶器取财并且年满14周岁，还可能构成抢劫罪。

检察机关对涉罪未成年人的处理遵循"宽容不纵容、厚爱又严管"的原则，在处理未成年人犯罪案件时，会考虑未成年人的年龄、心理、教育背景等因素，采取相应的教育、干预和矫治措施，以期达到预防再犯的目的。

未成年人若构成敲诈勒索罪，且已满16周岁的，应当依法承担刑事责任，但应当从轻或者减轻处罚。

五、就业权益

第 57 问

未成年人是否可以成为劳动者？

在我国，16周岁至18周岁的未成年人是可以成为劳动者的，只是有一定的限制和要求。

根据《劳动法》第15条的规定，除文艺、体育和特种工艺单位外，禁止用人单位招用未满16周岁的未成年人。

同时《未成年人保护法》第61条第2款、第3款规定，营业性娱乐场所、酒吧、互联网上网服务营业场所等不适宜未成年人活动的场所不得招用已满16周岁的未成年人。其他单位招用已满16周岁的未成年人，也必须执行国家在工种、劳动时间、劳动强度和保护措施等方面的规定，不得安排其从事过重、有毒、有害等危害未成年人身心健康的劳动或者危险作业。

法规之窗

《中华人民共和国劳动法》

第十五条 禁止用人单位招用未满十六周岁的未成年人。

文艺、体育和特种工艺单位招用未满十六周岁的未成年人，必须遵守国家有关规定，并保障其接受义务教育的权利。

第五十八条 国家对女职工和未成年工实行特殊劳动保护。

未成年工是指年满十六周岁未满十八周岁的劳动者。

第九十四条 用人单位非法招用未满十六周岁的未成年人的，由劳动行政部门责令改正，处以罚款；情节严重的，由市场监督管理部门吊销营业执照。

《中华人民共和国未成年人保护法》

第六十一条 任何组织或者个人不得招用未满十六周岁未成年人，国家另有规定的除外。

营业性娱乐场所、酒吧、互联网上网服务营业场所等不适宜未成年人活动的场所不得招用已满十六周岁的未成年人。

招用已满十六周岁未成年人的单位和个人应当执行国家在工种、劳动时间、劳动强度和保护措施等方面的规定，不得安排其从事过重、有毒、有害等危害未成年人身心健康的劳动或者危险作业。

任何组织或者个人不得组织未成年人进行危害其身心健康的表演等活动。经未成年人的父母或者其他监护人同意，未成年人参与演出、节目制作等活动，活动组织方应当根据国家有关规定，保障未成年人合法权益。

第 58 问

未成年工与用人单位签订实习合同，与用人单位之间属于劳动关系还是劳务关系？

首先，未成年工具备成为劳动者的主体条件。其次，在实践中，未成年工与用人单位之间建立的是劳动关系还是劳务关系，还需要根据实际用工情况进行判断。

例如，职业高中或者技术学校的学生，如果是即将毕业以就业为目的与用人单位签订实习合同或者劳动合同，接受用人单位的管理，按照合同约定提供劳动获得报酬的，则应当认定该未成年工与用人单位建立的是劳动关系。而如果是仍以在校学习为主，不以就业为目的，利用业余时间在用人单位进行社会实践、打工补贴学费、生活费的情形，根据原劳动部《关于贯彻执行〈中华人民共和国劳动法〉若干问题的意见》的规定，此时双方仅为劳务关系，不视为就业，不受劳动法等相关法律的约束，双方之间的权利义务关系以签订的相关协议或者合同为准。

区别是劳动关系还是劳务关系，对未成年工而言最大的意义就是，一旦双方发生争议，未成年工的合法权益被侵犯时，应当选择怎样的维权方式。如果双方成立劳动关系，则可以通过向劳动监察大队投诉、申请劳动仲裁等方式进行维权；如果成立的是劳务关系，则只能通过民事诉讼的方式争取权利，相对于劳动仲裁，民事诉讼在诉讼费成本以及维权的时间成本上一般都会有所增加。

法律剧场

16岁的小王是某职业技术学院的在校学生，学校与某汽车公司之间签订了《校企合作框架意向书》，由汽车公司负责接收学生实习、就业，负责学生实习专人带教与考核，学校根据汽车公司的用人需求，积极开展招生、培训实习就业等各项工作。

经小王申请，学校安排小王到汽车公司实习，小王与汽车公司先后签订了《定向培养意向书》和《实习期协议》，约定由汽车公司包吃包住，每月提供生活补助1000元。其后签订的《实习期协议》还约定，实习观察期3个月，实习观察期结束，公司根据实习生的考核结果，决定是否录用并签订劳动合同。

某天，汽车公司安排小王加班，当晚小王下班后走路回家，次日凌晨被发现倒在公园，120救护车到场证实小王已经死亡。公安机关出具的死亡证明书载明小王的死因为猝死。

小王的父母将学校和汽车公司诉至法院，要求支付赔偿款130余万元。法院审理认为，小王在案件发生时尚未毕业，身份仍然是在校学生，而依据学校与汽车公司签订的协议，学校实际是将教学实践场所移至汽车公司，本质上是学校课堂教学内容和学校教育计划的延伸，也是中等职业教育的独特教学形式和重要内容。并且小王与汽车公司签订的协议也明确，待实习结束后再由双方协商确定是否签订劳动合同。虽然小王向汽车公司提供劳动、领取报酬并接受其管理，但双方未形成身份上的隶属关系，领取的报酬数额较低，也仅属于补偿性质。故小王与汽车公司不符合劳动关系的构成要件，双方权利义务不受《劳动法》调整。本案属于生命权纠纷，应按照一般民事侵权纠纷处理，根据行为人对损害后果的发生是否有过错来确定行为人的侵权责任。

法院最终通过说理，认定小王的猝死是自然疾病突发所致，汽车公司虽违反规定安排小王在实习期间加班，学校亦未对汽车公司安排学生加班的行为予以制止，但两被告的上述行为与小王猝死的发生无因果关系，故两被告不构成对小王的侵权，依法不应承担赔偿责任。

第 59 问

未成年工担任外卖骑手，与外卖平台 是否构成劳动关系？

未成年工担任外卖骑手，与外卖平台是否构成劳动关系，主要考虑以下几个因素：首先，外卖平台和未成年工是否符合法律法规规定的主体资格；其次，未成年工是否从属于外卖平台，外卖平台的各项劳动规章制度是否适用于未成年工，未成年工是否受外卖平台的劳动管理，从事外卖平台安排的有报酬的劳动；最后，未成年工提供的劳动是否为外卖平台业务的组成部分。

关于主体资格，只要是已经注册的正规外卖平台，未成年工已满 16 周岁的，双方就都具备劳动关系的主体资格。

关于未成年工提供的劳动是否为外卖平台业务的组成部分，外卖平台的核心业务是为消费者和商户提供外卖服务，包括订单的接收、处理、配送以及售后服务等环节。其中，配送环节是外卖平台业务流程中至关重要的一部分，直接关系到消费者能否及时收到所订购的商品。因此，未成年工担任外卖骑手从事的外卖配送工作是外卖平台业务的组成部分。

可能存在争议的是骑手与平台的从属性问题。一般外卖骑手都是通过外卖平台自主注册，在平台进行一些线上的培训学习后，在平台上抢单，根据平台要求的时间完成配送，报酬一般根据配送距离和物品性质有所不同，多劳多得，平台一般不限制骑手具体的工作时间，骑手可以自行选择何时开始送单，以及是否接受某个订单的派送。这种情况外卖骑手与平台之间的关系就相对比较独立，平台不对骑手进行过多的限制和管理，双方地位倾向平等，不成立劳动关系。而有些外卖骑手是需要遵守平台的相关管理制度的，平台会要求骑手的上下班时间，以及每天至少要送够多少个小时，骑手有事不能出勤时，需要向平台或者直属领导请假，报酬方面每月有固定的底薪，这种情况双方有很明显的从属性，实践中一般会认定为劳动关系。

法规之窗

《劳动和社会保障部关于确立劳动关系有关事项的通知》

一、用人单位招用劳动者未订立书面劳动合同，但同时具备下列情形的，劳动关系成立。

（一）用人单位和劳动者符合法律、法规规定的主体资格；

（二）用人单位依法制定的各项劳动规章制度适用于劳动者，劳动者受用人单位的劳动管理，从事用人单位安排的有报酬的劳动；

（三）劳动者提供的劳动是用人单位业务的组成部分。

第 60 问

未成年工在签订劳动合同时应当
注意哪些重要条款?

建立劳动关系最直接有效的证据就是劳动合同,一旦双方发生争议,劳动合同中的条款将是和自身诉求密切相关的重要依据。未成年工进入社会时间不久,社会经验少,又因为一般学历不高,所涉及的岗位可替代性强,导致在建立劳动关系时的主动权大多掌握在用人单位手中,劳动合同也多为用人单位单方提供的文本,很多未成年工不仔细察看,就盲目签订,导致发生劳动争议后,才发现其中有很多对自己不利的条款。在签订劳动合同之前,一定要仔细察看如下条款。

第一,用人单位的信息,一般都会写在劳动合同的开头。这关系到确定自己与哪家公司建立了劳动关系,一旦发生争议申请劳动仲裁,至少要知道自己的用人单位是哪个。

第二，劳动合同的期限及试用期的期限。这关系到入职时间的确定、试用期期限是否合法、劳动合同到期用人单位不续签要支付的经济补偿等问题。

第三，工作内容。这关系到入职后要具体从事什么工作，而用人单位是不能在未与劳动者协商一致的情况下随意变更工作内容的。

第四，工作地点。这关系到用人单位能否随意调整未成年工的工作地点，有的劳动合同写明的工作地点范围很大，并且有用人单位可以在这一范围内调整工作地点的约定，导致地点变更的可能性变大，影响正常的生活。

第五，工作时间、休息休假时间。这里要看与用人单位约定的工作时间。《劳动法》虽然规定每周工作不能超过44小时，但是有的用人单位还是存在约定超过44小时，再对应地给予固定的加班费的情况。这种情况只要双方达成合意并且在劳动合同中予以明确，可以认为是对于加班的一种协商，不违反法律的强制性规定，并且如果用人单位已经支付了固定的加班费，劳动者再对超出44小时的部分主张加班费，一般都不会得到支持。

第六，劳动报酬，包括试用期以及转正后的劳动报酬。这里的金额关系到社会保险的缴纳基数、加班费的计算基数等，有些用人单位会在合同上写一个比较低的金额，并且还会另外约定以当地最低工资标准作为加班费的计算基数。这些都会对未成年工的利益产生影响。

第七，社会保险。需要明确用人单位是否给自己缴纳社会保险，社会保险在疾病、养老、生育、工伤、失业等情况下都会给予劳动者相应的保障，如果劳动合同中有要求劳动者自愿放弃购买社会保险的条款，就要特别注意了，劳动者可以明确向用人单位提出缴纳社会保险，这是用人单位的法定义务。

第八，其他限制条款。除上述几个重要条款外，还要注意看用人单位有没有设置一些保密条款和竞业限制条款，以及其他的一些对劳动者权利进行单方面限制的条款。如果发现不明白或者不利于自己的，一定要向专业人士咨询，或者直接与用人单位协商。

第 *61* 问

用人单位可以扣押未成年工的身份证件
或者收取押金吗？

　　根据《劳动合同法》第9条的规定，用人单位招用劳动者，不得扣押劳动者的居民身份证和其他证件，不得要求劳动者提供担保或者以其他名义向劳动者收取财物。这一条明确规定了用人单位不得扣押劳动者的证件或收取财物。同时，《就业服务与就业管理规定》第58条第8项也明确禁止职业中介机构扣押劳动者的居民身份证和其他证件，或者向劳动者收取押金。

　　用人单位违法扣押未成年工身份证件、要求提供担保或者押金的，应当承担怎样的法律后果呢？依据《劳动合同法》第84条的规定，由劳动行政部门责令限期退还证件与财物，违法要求劳动者提供担保或收取财物的，还应以每人500至2000元的标准处以罚款，给劳动者造成损害的，承担赔偿责任。

法规之窗

《中华人民共和国劳动合同法》

第八十四条 用人单位违反本法规定,扣押劳动者居民身份证等证件的,由劳动行政部门责令限期退还劳动者本人,并依照有关法律规定给予处罚。

用人单位违反本法规定,以担保或者其他名义向劳动者收取财物的,由劳动行政部门责令限期退还劳动者本人,并以每人五百元以上二千元以下的标准处以罚款;给劳动者造成损害的,应当承担赔偿责任。

劳动者依法解除或者终止劳动合同,用人单位扣押劳动者档案或者其他物品的,依照前款规定处罚。

第 62 问

用人单位不与未成年工签订
劳动合同，应该怎么办？

　　用人单位自用工之日起 1 个月内，便需要与劳动者签订劳动合同，未成年工属于合法劳动者，用人单位招用未成年工，当然也需要依法签订劳动合同。如果用人单位未在法定期限内与劳动者订立劳动合同的，需要自劳动者入职第二个月开始，向劳动者支付 2 倍工资差额。

　　即便有这么大的法律风险，仍然有很多用人单位不与劳动者订立劳动合同。有的用人单位是因为法律意识淡薄，人员管理混乱；有的用人单位则是因为没有打算长期用工，不签劳动合同是为了一旦发生劳动争议，可以否认双方存在劳动关系，进而逃避作为用人单位应当承担的法律责任。劳动者一般在入职时是比较弱势的一方，尤其是一些可替代性强的岗位，作为未成年工，更加没有什么话语权，提出异议就相当于失去一份工作，很多未成年工因此只能暂时接受不签劳动合同的事实。

为了避免未成年工的合法权益被侵害，提出几点建议以便后期维权：一是平常工作中要注意保留可以证明劳动关系的证据，如社保记录、工资流水、打卡记录、工卡、工作单位和场所的照片、视频、与公司相关工作人员的沟通记录（微信、邮件）等；二是关于未签劳动合同的2倍工资差额的计算时间，法律只支持从入职第二个月开始计算11个月；三是主张未签劳动合同2倍工资的权利是受1年仲裁时效的限制的，但这一时效的具体计算方式各地不同，在申请仲裁前一定要先了解自己所在地区的计算方式，避免超过仲裁时效导致诉求不能被支持。

法律剧场

周某于2001年3月8日出生，2016年3月17日入职A公司，2017年3月8日周某年满16周岁，A公司一直未与周某签订劳动合同。2017年6月30日，周某向A公司提出离职。后双方诉至法院。

法院审理认为，2017年3月8日周某年满16周岁，以自己的劳动收入为主要生活来源，开始具备建立劳动关系的主体资质，故应认定自2017年3月8日起与周某建立事实劳动关系的主体系A公司。而A公司作为劳动关系中负有管理责任的一方，未与周某签订劳动合同，通过该公司的陈述亦可看出，劳动合同未签订的原因并不在于周某一方，故A公司应向周某支付2017年4月8日至6月30日未签订书面劳动合同2倍工资差额。

法规之窗

《中华人民共和国劳动合同法》

第十条 建立劳动关系，应当订立书面劳动合同。

已建立劳动关系，未同时订立书面劳动合同的，应当自用工之日起一个月内订立书面劳动合同。

用人单位与劳动者在用工前订立劳动合同的，劳动关系自用工之日起建立。

第八十二条 用人单位自用工之日起超过一个月不满一年未与劳动者订立书面劳动合同的，应当向劳动者每月支付二倍的工资。

用人单位违反本法规定不与劳动者订立无固定期限劳动合同的，自应当订立无固定期限劳动合同之日起向劳动者每月支付二倍的工资。

第 63 问

用人单位与未成年工签订单独的
试用期合同是否合法？

首先，需要明确试用期的性质。根据《劳动合同法》第 17 条的规定，试用期是劳动合同的一部分，也就是说，试用期应该在劳动合同中明确约定，而不是单独签订一个试用期合同。

其次，依据《劳动合同法》第 19 条第 4 款的规定："试用期包含在劳动合同期限内。劳动合同仅约定试用期的，试用期不成立，该期限为劳动合同期限。"因此，用人单位与劳动者签订单独的试用期合同是违法的，此时用人单位要按照正式工的工资待遇向劳动者发放工资，而试用期到期后因为用人单位原因不续签的，应当向劳动者支付经济补偿。

最后，提醒广大未成年工：一是可以要求用人单位在劳动合同中明确约定试用期，以防范此种风险，同时也可以要求用人单位在合同中明确试用期结束后的工作内容和待遇，以防止用人单位在试用期结束后以不符合招工条件为由解除劳动合同。二是整体来讲，仅签订试用期合同，用人单位要面临的法律风险比劳动者大得多，劳动者在自己权益被侵害后的1年内都可以选择申请劳动仲裁。

法律剧场

小李被A公司录用，但在签订劳动合同时，A公司表示，按照公司规定，凡是新招用的职工要先签订6个月的试用合同，试用期工资是正常工资的一半。试用期过后经考核合格才能签订正式的劳动合同。小李考虑到就业不易，就签了这份试用合同。6个月期满后，A公司以小李在试用期内表现不合格为由，不与其签订正式的劳动合同。

依据《劳动合同法》第19条第4款的规定，试用期包含在劳动合同期限内。劳动合同仅约定试用期的，试用期不成立，该期限为劳动合同期限。本案中，A公司与小李签订的是试用期合同，依据上述规定，试用期不成立，6个月的试用期即为劳动合同期限。依据《劳动合同法》第 46 条第 5 项和第 47 条的规定，公司不与小李续签劳动合同，应当向小李支付 1 个月工资的经济补偿金。另外，A 公司在小李的"试用合同"期间支付的工资为正常工资的一半，因试用期不成立，6 个月的试用期即为劳动合同期限，因此 A 公司应当按照正常的工资数额发放给小李。

第 *64* 问

试用期被用人单位以不符合录用条件为由解除劳动合同，应该怎么办？

试用期用人单位最常用的解雇员工的方式就是以不符合录用条件为由解除劳动合同，因为用人单位认为这个理由只要成立，就可以零成本解雇员工，解雇之后再去招聘新的员工，以利用试用期工资低的特点，达到低成本用工的目的。

未成年工遇到此类问题，要分析是自身情况真的属于不符合录用条件，还是用人单位随便找了一个解除劳动合同的理由。判断用人单位解除劳动合同的行为是否合法，可以参考以下几个因素。

1.双方是否约定了试用期，约定的试用期是否合法？

2.用人单位在解除劳动合同时是否书面告知是因为试用期不符合录用条件解除的？

3.用人单位是否在入职时告知过录用条件？

4.用人单位告知的录用条件是否清晰、明确、可量化？

5.用人单位是否在试用期结束前进行相关考核，考核结果是否客观？

6.用人单位是否在试用期届满前提出的解除劳动合同？

如果以上问题的答案是否定的，而且用人单位已经发出了书面的解除劳动合同通知，那么就可以准备材料申请劳动仲裁了。

如果以上答案都是肯定的，用人单位则可以依据《劳动合同法》第39条第1项的规定合法解除劳动合同并且无须支付经济补偿。

法律剧场

周某于2019年4月25日入职某汽车公司从事销售工作。双方签订劳动合同，期限自2019年5月1日至2022年5月31日，其中试用期自2019年5月1日至7月31日。2019年7月23日，某汽车公司根据周某部门领导的评分，以周某试用期不合格为由单方解除劳动合同。

用人单位以劳动者在试用期不符合录用条件为由解除劳动合同的，应当向劳动者明确告知录用条件及试用期考核内容与标准，就劳动者存在不符合录用条件的事实承担举证责任。本案中，某汽车公司未能证明已告知周某录用条件、试用期考核及存在不符合录用条件的事实，仅以公司部门领导的评分认定周某试用期不合格并解除劳动合同，违反法律规定，某汽车公司应向周某支付违法解除劳动合同经济赔偿金。

第 65 问

未满 16 周岁的未成年人用他人 身份证入职，单位可以解除劳动合同吗？

首先，我国法律明确禁止一般用人单位招用未满 16 周岁的未成年人，也就是说，未满 16 周岁的未成年人并非法律意义上适格的劳动者。其次，隐瞒真实年龄，冒用他人身份证入职属于对用人单位的欺骗，依据《劳动合同法》的相关规定，劳动者以欺诈手段，使用人单位在违背自己真实意思的情况下订立劳动合同的，劳动合同无效或者部分无效，在此前提下，用人单位可以以此为由解除劳动合同，无须支付任何经济补偿。

用人单位应当重视入职审查工作，不要招用未满 16 周岁的未成年人。未成年人的监护人也应当注重未成年人的身心健康，保障未成年人受教育的权利。

　　另外，冒用他人身份证情节严重的还可能构成伪造、变造、买卖身份证件罪或者使用虚假身份证件、盗用身份证件罪。

法律剧场

　　小A因未满16周岁，遂冒用小C的身份证入职某公司工作，以小C的名义与公司签订了劳动合同。后公司在调查中发现小A冒用他人身份入职，遂以小A通过欺诈行为入职，严重违反公司规章制度为由对小A予以辞退。

　　小A申请劳动仲裁，要求公司支付违法解除劳动合同赔偿金。之后案件经过仲裁和一审，法院最终认为，小A入职时存在欺诈公司的行为而与公司订立了劳动合同，公司对此行为也有明确的规章制度，公司依据相关制度及法律规定解除劳动合同，并无不当，对小A要求公司支付违法解除劳动合同赔偿金的诉求不予支持。

《中华人民共和国劳动合同法》

第二十六条 下列劳动合同无效或者部分无效:

(一)以欺诈、胁迫的手段或者乘人之危,使对方在违背真实意思的情况下订立或者变更劳动合同的;

(二)用人单位免除自己的法定责任、排除劳动者权利的;

(三)违反法律、行政法规强制性规定的。

对劳动合同的无效或者部分无效有争议的,由劳动争议仲裁机构或者人民法院确认。

第三十九条 劳动者有下列情形之一的,用人单位可以解除劳动合同:

(一)在试用期间被证明不符合录用条件的;

(二)严重违反用人单位的规章制度的;

(三)严重失职,营私舞弊,给用人单位造成重大损害的;

（四）劳动者同时与其他用人单位建立劳动关系，对完成本单位的工作任务造成严重影响，或者经用人单位提出，拒不改正的；

（五）因本法第二十六条第一款第一项规定的情形致使劳动合同无效的；

（六）被依法追究刑事责任的。

第 66 问

未成年工被用人单位无故解除劳动合同，该如何维权？

个别企业负责人持有一种观念，认为公司是自己开的，自己有权自由决定员工的去留，无须向离职员工提供任何经济补偿。然而，实际情况是，用人单位这些未经法定程序而解除劳动合同的行为，往往会因不符合相关法律法规的规定，而需要向劳动者支付因违法解除所产生的赔偿金。未成年工在被用人单位解雇时，要先判断用人单位解除劳动合同是否合法，这一点需要依据用人单位解除劳动合同的理由进行判断。

正常情况下，用人单位给出的解除理由需要符合《劳动合同法》第39条的规定，才属于合法解除，无须向劳动者支付任何经济补偿，否则构成违法解除。该条规定了几种劳动者存在过错，用人单位可以直接解除劳动合同的情况，如劳动者在试用期间被证明不符合录用条件；劳动者严重违反用人单位规章制度；劳动者严重失职，营私舞弊，给用人单位造成重大损害；劳动者同时与其他用人单位建立劳动关系，对完成本职工作造成严重影响，或者经用人单位提出拒不改正；劳动者因欺诈、胁迫、乘人之危，使用人单位违背真实意思与其签订劳动合同，致使劳动合同无效；劳动者被追究刑事责任。如果用人单位可以证明劳动者存在以上事实，并且已经明确告知劳动者依据该事实与其解除劳动合同，则解除行为合法；反之，劳动者可以主张用人单位违法解除劳动合同，要求其支付违法解除劳动合同赔偿金。

未成年工被违法解除劳动合同的，可以向用人单位所在地或者劳动合同实际履行地的劳动人事争议仲裁委员会申请劳动仲裁。依据《劳动合同法》第48条要求用人单位支付违法解除劳动合同赔偿金。赔偿金为经济补偿的2倍。经济补偿的具体计算方式为：每满1年支付1个月工资。6个月以上不满1年的，按1年计算；不满6个月的，向劳动者支付半个月工资的经济补偿。这里的月工资是指劳动合同解除前12个月的平均工资。

例如，小强入职1年零3个月，月平均工资4500元，违法解除赔偿金的计算公式为1.5×4500×2=13500元。

法规之窗

《中华人民共和国劳动合同法》

第四十七条 经济补偿按劳动者在本单位工作的年限，每满一年支付一个月工资的标准向劳动者支付。六个月以上不满一年的，按一年计算；不满六个月的，向劳动者支付半个月工资的经济补偿。

劳动者月工资高于用人单位所在直辖市、设区的市级人民政府公布的本地区上年度职工月平均工资三倍的，向其支付经济补偿的标准按职工月平均工资三倍的数额支付，向其支付经济补偿的年限最高不超过十二年。

本条所称月工资是指劳动者在劳动合同解除或者终止前十二个月的平均工资。

第四十八条 用人单位违反本法规定解除或者终止劳动合同，劳动者要求继续履行劳动合同的，用人单位应当继续履行；劳动者不要求继续履行劳动合同或者劳动合同已经不能继续履行的，用人单位应当依照本法第八十七条规定支付赔偿金。

第八十七条　用人单位违反本法规定解除或者终止劳动合同的，应当依照本法第四十七条规定的经济补偿标准的二倍向劳动者支付赔偿金。

第 67 问

未成年工主动提出解除劳动合同，是否需要提前 30 日通知用人单位？

解除劳动合同是否需要提前 30 日通知用人单位，要根据解除理由的不同来判断（表 5-1）。

表5-1　主动解除劳动合同的通知时间

解除理由	劳动者是否需要提前30日通知用人单位
个人原因解除	是
个人原因解除（试用期内）	否
依据《劳动合同法》第38条解除	否

因个人原因未成年工提出解除劳动合同需要提前 30 日通知用人单位，试用期只需要提前 3 日通知。而未成年工如果以用人单位违反《劳动合同法》第 38 条为由解除劳动合同，如用人单位未及时足额支付劳动报酬、未缴纳社会保险、未按照劳动合同约定提供劳

动条件等原因，根据《劳动合同法实施条例》第18条的规定，不需要提前30日通知用人单位。

需要注意的是，因个人原因提出离职的未成年工，要以书面方式提前30日通知用人单位，书面方式是指以EMS快递、电子邮件等方式向公司法定代表人或者主要负责人发送《解除劳动合同通知书》。如果仅以口头方式提出解除，或者没有提前30日提出解除，造成用人单位实际损失的，依据《劳动法》第102条等规定，未成年工需要承担相应赔偿责任。

法规之窗

《中华人民共和国劳动法》

第一百零二条 劳动者违反本法规定的条件解除劳动合同或者违反劳动合同中约定的保密事项，对用人单位造成经济损失的，应当依法承担赔偿责任。

《违反〈劳动法〉有关劳动合同规定的赔偿办法》

第四条 劳动者违反规定或劳动合同的约定解除劳动合同，对用人单位造成损失的，劳动者应赔偿用人单位下列损失：

（一）用人单位招收录用其所支付的费用；

（二）用人单位为其支付的培训费用，双方另有约定的按约定办理；

（三）对生产、经营和工作造成的直接经济损失；

（四）劳动合同约定的其他赔偿费用。

第 68 问

用人单位拒绝为未成年工开具
离职证明怎么办？

根据《劳动合同法》第89条的规定，用人单位违反本法规定未向劳动者出具解除或者终止劳动合同的书面证明，由劳动行政部门责令改正；给劳动者造成损害的，应当承担赔偿责任。

用人单位不为劳动者开具离职证明，一般会使劳动者产生不能入职新公司导致的工资收入损失等。

因此，用人单位拒绝为未成年工开具离职证明是违法行为，未成年工有权采取相应的救济手段，如向劳动监察部门投诉，或者向劳动人事争议仲裁委员会申请仲裁。

如果用人单位在劳动监察部门处理后仍然不开具的，未成年工在申请劳动仲裁前如果已经面试其他用人单位，并取得了录取资格，有明确的薪资待遇，可以提供证据证明因原用人单位不给开具离职证明而导致不能入职新的用人单位，所产生的薪资待遇损失依法由原用人单位承担。可以提交的证据包括《解除劳动合同通知书》、新单位的录用通知、与新单位的沟通记录等。

同时，根据《失业保险条例》第 16 条第 1 款的规定，用人单位应当及时为失业人员出具终止或者解除劳动关系的证明，并将失业人员的名单自终止或者解除劳动关系之日起 7 日内报社会保险经办机构备案。因此，用人单位不开具离职证明还可能导致未成年工不能领取失业保险金。

第 69 问

未成年工被用人单位强行安排重体力
劳动该怎么办?

为了维护未成年工的合法权益,保护其在生产劳动中的健康,《劳动法》《未成年工特殊保护规定》都规定了用人单位不得安排未成年工从事矿山井下、有毒有害、国家规定的第4级体力劳动强度的劳动和其他禁忌从事的劳动。例如,煤厂的煤仓装煤工、水泥厂搬运工等,这类工种是不能安排年龄在16至18岁之间的未成年工去从事的。

未成年工如果遇到用人单位临时或者强制安排从事上述类型的工作,可以明确拒绝,严重的可以直接向劳动监察部门进行投诉,用人单位将面临劳动监察部门的罚款。

除上述重体力劳动外,《未成年工特殊保护规定》还规定了一系列不得安排未成年工从事的劳动,充分保护了未成年人身体健康。

法规之窗

《中华人民共和国劳动法》

第六十四条 不得安排未成年工从事矿山井下、有毒有害、国家规定的第四级体力劳动强度的劳动和其他禁忌从事的劳动。

《未成年工特殊保护规定》

第三条 用人单位不得安排未成年工从事以下范围的劳动：

（一）《生产性粉尘作业危害程度分级》国家标准中第一级以上的接尘作业；

（二）《有毒作业分级》国家标准中第一级以上的有毒作业；

（三）《高处作业分级》国家标准中第二级以上的高处作业；

（四）《冷水作业分级》国家标准中第二级以上的冷水作业；

（五）《高温作业分级》国家标准中第三级以上的高温作业；

（六）《低温作业分级》国家标准中第三级以上的低温作业；

（七）《体力劳动强度分级》国家标准中第四级体力劳动强度的作业；

（八）矿山井下及矿山地面采石作业；

（九）森林业中的伐木、流放及守林作业；

（十）工作场所接触放射性物质的作业；

（十一）有易燃易爆、化学性烧伤和热烧伤等危险性大的作业；

（十二）地质勘探和资源勘探的野外作业；

（十三）潜水、涵洞、涵道作业和海拔三千米以上的高原作业（不包括世居高原者）；

（十四）连续负重每小时在六次以上并每次超过二十公斤，间断负重每次超过二十五公斤的作业；

（十五）使用凿岩机、捣固机、气镐、气铲、铆钉机、电锤的作业；

（十六）工作中需要长时间保持低头、弯腰、上举、下蹲等强迫体位和动作频率每分钟大于五十次的流水线作业；

（十七）锅炉司炉。

《劳动保障监察条例》

第二十三条 用人单位有下列行为之一的，由劳动保障行政部门责令改正，按照受侵害的劳动者每人 1000 元以上 5000 元以下的标准计算，处以罚款：

......

（七）安排未成年工从事矿山井下、有毒有害、国家规定的第四级体力劳动强度的劳动或者其他禁忌从事的劳动的；

（八）未对未成年工定期进行健康检查的。

第70问

用人单位强迫未成年工加班该怎么办？

《劳动法》规定，国家实行劳动者每日工作时间不超过8小时、平均每周工作时间不超过44小时的工时制度，并且用人单位要保证劳动者每周至少休息1日。所以，如果用人单位安排的周工作时间超过44小时的，属于延长劳动者工作时间的情形，也就是通常所说的加班。

对于加班，用人单位要与劳动者协商，劳动者同意加班的，用人单位要按照《劳动法》第44条的规定支付相应150%至300%不等的加班费，并且除发生自然灾害、生产设备等需要抢修的特殊情况外，每月的加班时长不能超过36小时。

在行政责任方面，依据《劳动法》第43条、第90条的规定，用人单位不得违法延长劳动者的工作时间，否则由劳动行政部门给予警告，责令改正，并可以处以罚款。

所以，如果遇到用人单位强行要求加班的情况，未成年工可以向劳动行政部门进行投诉。如果用人单位因为未成年工拒绝加班而给予处罚甚至解除劳动合同的，未成年工可以选择申请劳动仲裁，主张用人单位违法解除劳动合同，要求用人单位支付违法解除劳动合同的赔偿金。

法规之窗

《劳动法》

第四十三条　用人单位不得违反本法规定延长劳动者的工作时间。

第 71 问

用人单位在休息日安排未成年工加班，需要支付加班工资吗？

在用人单位与未成年工建立了劳动关系的前提下，未成年工的合法权益受到《劳动法》等相关法律保护，用人单位需要未成年工加班的，应与其协商，经过其同意。在加班时间上，每天不得超过 3 小时，每月不得超过 36 小时。

依据《劳动法》的规定，在标准工时制下，超出法定工作时间安排未成年工加班的，需要依法支付相应的加班费。

用人单位在休息日安排未成年工加班的，为了保障未成年工的休息权利，可以优先安排未成年工调休，未成年工调休后，用人单位无须支付休息日的加班费。

如果用人单位与未成年工签订的是劳务合同，实际上的用工性质也是劳务关系，那么是否加班、如何支付加班费，就要依据双方的协议约定来确定，不再受《劳动法》关于加班费规定的约束。

法规之窗

《中华人民共和国劳动法》

第四十四条 有下列情形之一的，用人单位应当按照下列标准支付高于劳动者正常工作时间工资的工资报酬：

（一）安排劳动者延长工作时间的，支付不低于工资的百分之一百五十的工资报酬；

（二）休息日安排劳动者工作又不能安排补休的，支付不低于工资的百分之二百的工资报酬；

（三）法定休假日安排劳动者工作的，支付不低于工资的百分之三百的工资报酬。

第 72 问

未成年工被用人单位拖欠工资怎么办？

未成年工作为合法的劳动者，有取得劳动报酬的权利。用人单位发放工资，应当以货币形式按月支付给未成年工本人，不得克扣或者无故拖欠未成年工的工资。

一旦遭遇用人单位拖欠工资的情况，未成年工一般可以有两种途径维护自己的合法权益。

第一种途径是向劳动行政部门（一般是各地区的劳动监察大队）进行投诉，劳动行政部门会对相关情况进行调查处理，责令用人单位限期支付拖欠的工资。如果用人单位无视劳动行政部门的处理，到期仍然不支付工资的，劳动行政部门可以对其处以罚款等行政处罚。未成年工此时也可以将向劳动行政部门投诉的记录，以及劳动行政部门调查过程中形成的证据与其他的证据一起提交给劳动人事争议仲裁委员会，申请劳动仲裁。

第二种途径是自行向用人单位催告，用微信、邮件、信件等书面方式催告用人单位限期支付拖欠的工资，如果用人单位在接到催告后的合理期限内仍然不支付的，未成年工可以书面方式通知用人单位，因其未及时足额支付劳动报酬，故提出解除劳动合同，书面通知送达用人单位后，双方的劳动关系解除。未成年工则可以着手向用人单位所在地的劳动人事争议仲裁委员会申请劳动仲裁。在申请劳动仲裁时，仲裁请求除了可以要求用人单位支付拖欠的工资之外，还可以要求其按照自己在该用人单位的工作时间，支付相应的经济补偿。

法律剧场

林某 2020 年 5 月 6 日入职 A 公司，双方签订了 3 年的固定期限劳动合同，入职时月工资标准为 14000 元，自 2021 年 6 月起月工资标准调整为 15000 元，另有补助。2022 年 5 月 23 日，公司向林某发送通知，要求其即日起开始待岗。A 公司从 2022 年 1 月 1 日已经开始拖欠林某的工资，2022 年 6 月 14 日林某以 A 公司没有及时足额支付劳动报酬为由向A公司提出解除劳动合同，随后申请劳动仲裁，要求A公司支付拖欠的工资及解除劳动合同的经济补偿。劳动仲裁委支持了林某的仲裁请求，A公司不服，认为拖欠工资是因为公司经营困难，并非恶意拖欠劳动报酬，所以诉至法院，要求判决无须支付林某解除劳动合同经济补偿金。

法院审理认为，A公司对未向林某支付的税后工资及补助不持异议，A公司确实存在未及时足额支付林某工资的行为，故林某以此为由提出解除劳动合同，并要求A公司支付解除劳动合同经济补偿金，符合《劳动合同法》第38条第1款第2项、第46条第1项的规定。A公司的诉讼请求没有事实依据，不予支持。判决A公司向林某支付拖欠的工资48374.44元，经济补偿金37500元。

法规之窗

《中华人民共和国劳动法》

第三条第一款 劳动者享有平等就业和选择职业的权利、取得劳动报酬的权利、休息休假的权利、获得劳动安全卫生保护的权利、接受职业技能培训的权利、享受社会保险和福利的权利、提请劳动争议处理的权利以及法律规定的其他劳动权利。

第五十条 工资应当以货币形式按月支付给劳动者本人。不得克扣或者无故拖欠劳动者的工资。

第 73 问

什么是劳务派遣？未成年工与劳务派遣单位签订劳动合同应该注意什么？

劳务派遣是一种特殊的用工形式，合法设立的劳务派遣单位与劳动者签订劳动合同，再与实际接受派遣的用工单位签订劳务派遣协议，将劳动者派遣至用工单位工作（图 5-1）。其中劳务派遣单位是用人单位，负责招用劳动者、订立劳动合同、支付劳动报酬和缴纳社会保险等。用工单位与劳务派遣单位通过劳务派遣协议确定各自的权利义务，用工单位负责指挥和管理被派遣劳动者，但无须承担用人单位的义务。劳务派遣只能在临时性、辅助性或者替代性的工作岗位上实施。用人单位不能自己设立劳务派遣单位向本单位或者所属单位派遣劳动者。

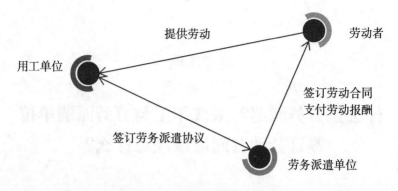

图5-1　劳务派遣法律关系

　　未成年工与劳务派遣单位签订劳动合同，应当注意以下几点：一是劳动合同应当以书面形式签订，期限至少为2年。二是重点阅读劳动合同的重要条款，如用工主体名称、劳动报酬、工作时间及地点等。三是劳务派遣单位有义务将与用工单位的劳务派遣协议的内容告知劳动者，如果劳务派遣单位不告知的，劳动者可以要求其提供与用工单位的劳务派遣协议，重点阅读与自己利益相关的部分。

　　劳务派遣只是一种特殊的用工形式，并未降低对劳动者合法权益的保护，普通用工形式应当遵守的法律法规，劳务派遣单位和用工单位也应当遵守。劳务派遣单位和用工单位都不能向劳动者收取任何费用。

法规之窗

《中华人民共和国劳动合同法》

第五十八条 劳务派遣单位是本法所称用人单位，应当履行用人单位对劳动者的义务。劳务派遣单位与被派遣劳动者订立的劳动合同，除应当载明本法第十七条规定的事项外，还应当载明被派遣劳动者的用工单位以及派遣期限、工作岗位等情况。

劳务派遣单位应当与被派遣劳动者订立二年以上的固定期限劳动合同，按月支付劳动报酬；被派遣劳动者在无工作期间，劳务派遣单位应当按照所在地人民政府规定的最低工资标准，向其按月支付报酬。

第五十九条 劳务派遣单位派遣劳动者应当与接受以劳务派遣形式用工的单位（以下称用工单位）订立劳务派遣协议。劳务派遣协议应当约定派遣岗位和人员数量、派遣期限、劳动报酬和社会保险费的数额与支付方式以及违反协议的责任。

用工单位应当根据工作岗位的实际需要与劳务派遣单位确定派遣期限，不得将连续用工期限分割订立数个短期劳务派遣协议。

第六十条 劳务派遣单位应当将劳务派遣协议的内容告知被派遣劳动者。

劳务派遣单位不得克扣用工单位按照劳务派遣协议支付给被派遣劳动者的劳动报酬。

劳务派遣单位和用工单位不得向被派遣劳动者收取费用。

第74问

接受劳务派遣的未成年工被用工单位无故退回到劳务派遣单位，未成年工该如何维权？

根据《劳动合同法》第65条第2款的规定，用工单位只有在符合法定情形时方能将被派遣劳动者退回。并且，被派遣劳动者在被退回后无工作期间，劳务派遣单位应当按照不低于所在地人民政府规定的最低工资标准，向其按月支付报酬。

所以，未成年工如被用工单位无故退回劳务派遣单位的，不必过于惊慌，因为未成年工的劳动合同是与劳务派遣单位签订的，用工单位不是劳动合同的主体，没有依法解除劳动合同的权利，只能将未成年工退回劳务派遣单位，而这一退回的行为如果没有明确的事实依据和法律依据，实质上就是对于用工单位和劳务派遣单位之间劳务派遣协议的违反。此种情况下，未成年工与劳务派遣单位的劳动关系并没有解除。

后续有两种可能：一是劳务派遣单位继续派遣未成年工到其他用工单位，如果暂时不能派遣的，要按照最低工资标准支付报酬；二是劳务派遣单位提出解除劳动合同，此时未成年工可以依据对方解除劳动合同的理由来进行判断，认为劳务派遣单位解除的理由违反法律规定的，可以申请劳动仲裁，向劳务派遣单位主张违法解除劳动合同的赔偿金。

法律剧场

2015 年 1 月，胡某与某人力资源公司签订劳动合同，人力资源公司将胡某派遣至某学校食堂工作。2021 年 8 月，学校以食堂外包为由通知胡某不用再到岗上班，胡某被退回人力资源公司，但该公司拒绝与胡某继续履行尚未到期的劳动合同，并于当月停缴胡某的社会保险。胡某要求人力资源公司支付违法解除劳动合同赔偿金。

该案经劳动仲裁裁决后，诉至法院。法院经审理认为，被派遣劳动者在被用工单位退回后，劳务派遣单位作为用人单位应当为其另行安排工作，在被派遣劳动者无工作期间，劳务派遣单位应当依法支付相应报酬。人力资源公司拒绝为胡某安排工作并单方解除劳动合同，违反法律规定，故根据《劳动合同法》第87条的规定，某人力资源公司应向胡某支付赔偿金。

第 75 问

劳务派遣员工在工作中受伤，由谁支付医疗费用和工伤赔偿？

根据《劳务派遣暂行规定》第10条第1款的规定，被派遣劳动者在用工单位因工作遭受事故伤害的，劳务派遣单位应当依法申请工伤认定，用工单位应当协助工伤认定的调查核实工作。劳务派遣单位承担工伤保险责任，但可以与用工单位约定补偿办法。

在大多数情况下，劳务派遣单位作为与劳动者签订劳动合同的主体，负责为劳动者缴纳工伤保险，伤者的相关费用由工伤保险基金承担，其余部分由劳务派遣单位承担。

如果劳务派遣单位与实际用工单位在《劳务派遣协议》中对于劳动者发生工伤后赔偿责任的承担有明确的约定，实际用工单位则需要按约定承担相应的责任。

所以，劳务派遣的劳动者在发生工伤后要及时就医，申请工伤认定和劳动能力鉴定，在确定所受伤害属于工伤，并且确定工伤等级后，可以先向社会保险行政部门申请支付一次性医疗补助金、一次性伤残补助金、住院伙食补助费、医疗费等费用，其余一次性伤残就业补助金等应当由用人单位承担的部分，则可通过申请劳动仲裁的方式主张劳务派遣单位承担用工主体责任，同时主张实际用工单位承担连带责任。

法律剧场

于某与A公司签订《劳动合同书》，合同期限1年，试用期1个月，月工资2200元，试用期工资为2200元。合同签订后，A公司将于某派遣至消防支队工作，A公司与消防支队为劳务派遣关系。后于某在训练中不慎被重物砸伤，到医院就诊，经劳动能力鉴定委员会鉴定，已达到职工工伤与职业病致残等级标准的10级。

于某向劳动人事争议仲裁委员会申请劳动仲裁，仲裁委作出《不予受理通知书》，后于某诉至法院，要求A公司支付工伤的相关赔偿。

　　法院审理认为，因 A 公司已为于某缴纳在职期间的工伤保险，因此于某所主张的工伤一次性医疗补助金、一次性伤残补助金、住院伙食补助费、医疗费应向工伤保险基金申请支付，要求 A 公司支付于法无据，本院不予支持。但 A 公司应当向于某支付一次性伤残就业补助金，消防支队应当对 A 公司应该支付的款项承担连带责任。

第 76 问

用人单位不为未成年工缴纳社保，未成年工可以直接提出离职并要求补偿吗？

为劳动者缴纳社会保险是用人单位的法定义务，用人单位如果不依法为未成年工缴纳社会保险，未成年工可以依法提出解除劳动合同，并且要求用人单位支付经济补偿。

实践中，很多劳动仲裁委和法院在审理此类案件时会审查用人单位对于未缴纳社保这一行为的恶意性，一般情况下，如果劳动者在职时从未对用人单位未缴纳社保的事实提出任何异议，而直接以此为理由解除劳动合同，关于经济补偿金的诉求一般不会得到支持。

正确的做法是，如果想要用人单位给自己缴纳社会保险，需要以书面方式通知用人单位，如果在确定用人单位已经收到自己的通知，在合理的社保增员时间范围内，且没有特殊原因的情况下，仍然没有为自已缴纳社会保险的，一般认定用人单位存在恶意性。此时，再以未缴纳社保为理由提出解除劳动合同的，才能增加要求用人单位支付经济补偿金胜诉的可能性。

第 *77* 问

用人单位未足月、足额缴纳社会保险，未成年工可以提出离职并要求经济补偿吗？

很多劳动者因为用人单位没有足月或者足额缴纳社会保险，向用人单位提出离职，随即申请劳动仲裁要求经济补偿。但一般这种诉求都不会得到仲裁委和法院的支持。

原因就是，《劳动合同法》第38条第1款第3项中规定的情况是"未依法为劳动者缴纳社会保险费的"，重点是这个"未"字，通俗地讲就是想要主张被迫解除劳动合同的经济补偿，必须是用人单位从未给劳动者缴纳过社会保险，仅仅是没有足月支付或者足额支付，类似这样的情况不属于法条中规定的情形。

所以，与用人单位发生纠纷，尽量通过沟通、催告、行政投诉的方式尝试解决，尤其是作出解除劳动合同的决定之前，一定要对自己面临的情况进行法律风险评估，对法律规定和司法实践中的做法不清楚的，可以咨询专业律师，不要盲目离职，盲目维权，最后丢了工作又拿不到补偿，得不偿失。

法律剧场

刘某于 2013 年 6 月 15 日到 A 公司工作，2013 年 6 月 17 日双方签订了一份为期 3 年的书面劳动合同，后刘某被派遣到 B 公司工作，A 公司自 2013 年 9 月为刘某缴纳各项社会保险至 2014 年 4 月。

自 2013 年 12 月 14 日开始刘某因发生工伤，直至 2014 年 3 月 14 日停工留薪期满，未到 B 公司或 A 公司上班。刘某在申请劳动仲裁要求工伤赔偿后，又以公司未足额缴纳社保为理由再次申请劳动仲裁，要求 A、B 公司向其支付经济补偿 20000 元，劳动仲裁委驳回了刘某的仲裁请求。刘某不服该裁决，向法院起诉。

一审法院经审理认为，刘某于 2013 年 6 月 15 日开始与 A 公司建立劳动关系，至 2014 年 3 月 14 日其主动离职期间，A 公司自 2013 年 9 月为刘某缴纳各项社会保险至 2014 年 4 月，没有缴纳刘某 2013 年 6 月至 8 月的社保，属于漏缴社保，不是未足额缴纳社保，更不能等同于未缴纳社保，故刘某以A公司未足额缴纳社保为由解除劳动关系，要求支付其解除劳动合同经济补偿金，证据不足，不予支持。

刘某不服上诉，二审法院经审理认为，刘某依法解除劳动合同并且要求经济补偿，必须符合两个条件：一是A公司没有为其缴纳社会保险；二是刘某以此为由解除劳动合同。但本案事实是A公司已经足额为刘某缴纳社会保险，并且刘某在离职前并未以A公司未为其足额缴纳社会保险为由解除劳动合同。最终法院以诉讼请求没有事实依据为由，驳回了刘某的上诉请求。

第 *78* 问

用人单位能否以补贴的形式代替
为未成年工缴纳社会保险？

根据《劳动法》第 72 条的规定，用人单位和劳动者必须依法参加社会保险，缴纳社会保险费。虽然有明确的法律强制性规定，但有一部分用人单位为了减少用工成本，还是不为劳动者缴纳社会保险，而是向劳动者支付一小笔社保补贴，同时要求劳动者签订一份内容为自愿放弃购买社会保险以补贴代替的材料，来规避法律责任。而且有相当一部分劳动者会因为拿到手中的钱增多而自愿签名。

作为未成年工，这种做法将会导致一定的法律风险，首先就是一旦发生疾病、失业、工伤等情况的时候，不能享受相应的社会保险待遇；其次，自愿同意用人单位不缴纳社会保险之后，如果再想以用人单位未缴纳社会保险为由提出解除劳动合同，要求支付经济补偿，难度很大；最后，社会保险的缴纳记录，是与用人单位存在劳动关系的一个很好的证据，如果在没有签订劳动合同的情况下，又没有缴纳社会保险，则存在不能证明劳动关系的风险，也就不能基于劳动关系而主张相应的权利。

如果已经签订了上述自愿放弃购买社会保险的材料，又想要用人单位缴纳社会保险，可以书面的形式通知用人单位，要求用人单位依法缴纳社会保险。因为缴纳社会保险是用人单位的法定义务，劳动者可以要求用人单位依法缴纳。

第 79 问

因个人原因离职后，还可以以公司未缴纳
社保为由主张经济补偿吗?

《劳动合同法》第38条第1款第3项规定，用人单位未依法为劳动者缴纳社会保险费的，劳动者可以解除劳动合同。另外该法第46条第1项也规定了劳动者依据《劳动合同法》第38条解除劳动合同的，用人单位应当向劳动者支付经济补偿。从法条中可以看出，劳动者能否主张经济补偿的关键是解除劳动合同的理由是否符合《劳动合同法》第38条的规定，并且需要在解除劳动合同时将解除劳动合同的理由书面告知用人单位，明确是因为用人单位未缴纳社会保险而解除劳动合同。解除劳动合同的理由可以是一种也可以是多种，但都必须在解除劳动合同时全部告知用人单位。

总之，无论是劳动者还是用人单位解除劳动合同，

理由都以解除时所提出的为准，不允许后续通过任何方式再补充或者添加。以解除时未提到的理由主张经济补偿，一般都不会得到支持。所以作出解除劳动合同的决定时要慎重，考虑周全，否则几乎没有补救的机会。

然而，尽管劳动者以个人原因为由提出辞职后，不能再以未缴纳社会保险为由获得经济补偿，但用人单位仍然需要承担法律责任。根据《劳动法》第100条的规定，用人单位无故不缴纳社会保险费的，劳动行政部门可以责令其限期缴纳，逾期不缴的可以加收滞纳金。另外，如果因用人单位未依法缴纳社保费且无法补缴而造成劳动者待遇损失，劳动者仍然有权追偿。

法规之窗

《中华人民共和国劳动合同法》

第三十八条 用人单位有下列情形之一的，劳动者可以解除劳动合同：

……

（三）未依法为劳动者缴纳社会保险费的；

......

第四十六条 有下列情形之一的，用人单位应当向劳动者支付经济补偿：

（一）劳动者依照本法第三十八条规定解除劳动合同的；

......

第 80 问

未成年工在哪些情况下可以被认定为工伤?

根据《工伤保险条例》第14条的规定,应当被认定为工伤的情况主要有:

1.在工作时间和工作场所内,因为工作原因受到事故伤害的。

如小明在产品生产线从事产品包装工作,工作时间为9时至17时,10时25分小明在生产线工作时,因机器故障导致3根手指被压断,小明遭受的伤害应当被认定为工伤。

2.在上班之前、下班之后,在工作场所内,从事与工作有关的预备性或者收尾性的工作时受到事故伤害的。

如小明早上9点上班,8点50分在车间更换工作服时,被车间摆放的物品绊倒,导致腿部骨折,小明遭受的伤害应当被认定为工伤。

3.在工作时间和工作场所内，因为工作而遭到暴力或者意外伤害。

如小明在从事包装工作时，吊顶的电风扇掉落，砸到小明头部，导致小明受伤，小明遭受的伤害应当被认定为工伤。

4.患职业病的。

如小明在橡胶厂工作，因长期接触橡胶和化学物质而引起皮肤过敏、接触性皮炎等皮肤病，经鉴定属于职业病，应当被认定为工伤。

5.因工外出期间，因为工作受到伤害或者发生事故下落不明的。

如小明因被用人单位安排外出取货，在搬运货物时脚部被货物砸伤，小明遭受的伤害应当被认定为工伤。

6.上下班途中遭遇交通事故，自己不承担责任或者仅承担次要责任、同等责任的。

如小明在上班途中与他人发生交通事故，在事故中手臂骨折，经过交警认定，小明负事故的次要责任，小明所遭受的伤害应当被认定为工伤。

此外，根据《工伤保险条例》第15条的规定，应当视同工伤的情况有：

1.在工作时间和工作岗位上，因为突发疾病导致死亡，或者在48小时内经过抢救无效死亡。

如小明上午11点在工作岗位突发心脏病，同事将小明送医院抢救，在经过5个小时的抢救后，医院宣告小明死亡。小明的情况应当被认定为工伤。

2.在抢险救灾等维护国家利益、公共利益的活动中受伤。

如小明周末与家人开车出游，途中偶遇他人车辆着火，小明当即施救，导致自身烧伤，后经有关部门认定为见义勇为，小明遭受的伤害应当被认定为工伤。要注意的是，实践中此种情况被认定为工伤的一个关键条件是相关行为要被有关部门认定为见义勇为，在申请工伤认定时将见义勇为的材料一并提交给工伤认定部门。

3.原来在军队服役，因为战争或者因公负伤导致残疾，已经取得革命伤残军人证，到用人单位之后旧伤复发。

如小强在军队服役时，因训练受伤导致骨折，被评定为伤残三等乙，并取得了革命伤残军人证。复员后，小强在一家日化公司做管理员，因在打扫卫生时摔倒，导致原骨折处再次骨折，被劳动能力鉴定委员会鉴定为旧伤复发，小强的情况应当被认定为工伤。

第 *81* 问

学生暑期打工，在工作时受到事故伤害是否属于工伤，该如何索赔？

司法实践中，常见的在校学生以暑期打工的形式向企业或者个体户等提供短期的劳动，如果学生未满16周岁，双方之间不能构成劳动关系。认定工伤的前提是双方之间存在劳动关系，上述情形一旦发生事故，很难认定为工伤。

此时应该如何维权呢？虽然双方不属于劳动关系，不能认定为工伤，但双方成立劳务关系，基于这一法律关系，未成年人如果在工作时受到事故伤害，可以基于劳务关系主张雇主（可以是企业，也可以是个体户或者个人）承担赔偿责任。

这种情况主张权利的法律程序也和工伤赔偿案件不同，无须申请劳动仲裁，直接到法院起诉即可。法院一般会依据案件事实、雇主责任等对双方应当承担的责任比例进行划分，最终依据责任程度确定双方各自应承担的损失份额。

第 82 问

未成年工在上下班途中受伤，可以认定为工伤吗？

根据《工伤保险条例》等规定，职工在上下班途中受伤，必须同时满足以下三个条件，才能被认定为工伤：（1）在上下班途中；（2）发生交通事故或者城市轨道交通、客运轮渡、火车事故；（3）非事故主要责任。

那么该如何认定"上下班途中"呢？根据相关规定，只要是合理的上下班时间、合理的上下班路途都应当认定为"上下班途中"。《最高人民法院关于审理工伤保险行政案件若干问题的规定》第6条规定，在合理时间内往返于工作地与住所地、经常居住地、单位宿舍的合理路线的上下班途中；在合理时间内往返于工作地与配偶、父母、子女居住地的合理路线的上下班途中；从事属于日常工作生活所需要的活动，且在合理时间和合理路线的上下班途中；在合理时间内其他合理路线的上下班途中等，都应当认定为"上下班途中"。

　　符合以上三个条件的，用人单位应当自事故伤害发生之日起 30 日内，向统筹地区社会保险行政部门提出工伤认定申请。如果用人单位未按规定提出工伤认定申请，工伤职工或者其近亲属、工会组织在事故伤害发生之日起 1 年内，可以直接向社会保险行政部门提出工伤认定申请。

法律剧场

　　小王为甲市人，在乙市上班，工作日期间居住在 A 公司为其安排的员工宿舍。清明假期 A 公司安排放假 3 天，要求第 4 天正常打卡上下班。小王假期驱车 300 千米返回甲市，于假期最后一天返回乙市途中发生交通事故，对方全责。人力资源和社会保障局审查后，以清明节是假期，并非工作日为理由，认为小王返回宿舍的路程不属于《工伤保险条例》第 14 条第 6 项规定的"上班途中"。

　　本案中，A 公司关于清明节的放假通知中载明假期结束第二天职工应正常打卡上下班，表明小王出车祸当日返回宿舍是为了次日上班，其出行意图明确。加之出行路途较远，为避免迟到和为次日正常开展工作做好充分准备，提前一日返回工作地符合常理常情，也符合公司要求。因此，小王的行程和时间符合上班途中"合理时间"和"合理路线"的要求，小王在返程中受到非本人主要责任的交通事故伤害，应属于工伤。

法规之窗

《工伤保险条例》

第十四条 职工有下列情形之一的，应当认定为工伤：

……

（六）在上下班途中，受到非本人主要责任的交通事故或者城市轨道交通、客运轮渡、火车事故伤害的；

……

第 *83* 问

未成年工发生工伤的，可以获得
哪些赔偿？

未成年工受伤被人力资源和社会保障局认定为工伤，并且经过劳动能力鉴定，根据劳动能力鉴定的结果，已经正常缴纳工伤保险的，可以获得工伤保险基金支付的补偿、津贴等和用人单位支付的补助金等。没有缴纳工伤保险的，可以通过劳动仲裁的方式主张由用人单位承担赔偿责任。具体各等级的赔偿项目和计算标准如下。

1.工伤经鉴定为伤残1至4级的，保留劳动关系，退出工作岗位。

（1）由工伤保险基金按照伤残等级支付一次性伤残补助金。

伤残等级	一次性伤残补助金
1级	27×本人月工资
2级	25×本人月工资
3级	23×本人月工资
4级	21×本人月工资

（2）由工伤保险基金按照伤残等级按月支付伤残津贴。

伤残等级	伤残津贴
1级	90%×本人月工资
2级	85%×本人月工资
3级	80%×本人月工资
4级	75%×本人月工资

2.工伤经鉴定为伤残5至6级的。

（1）由工伤保险基金按伤残等级支付一次性伤残补助金。

伤残等级	一次性伤残补助金
5级	18×本人月工资
6级	16×本人月工资

（2）保留劳动关系，由用人单位安排适当工作。

难以安排工作的，用人单位按月支付伤残津贴。

伤残等级	伤残津贴
5级	70%×本人月工资
6级	60%×本人月工资

如果工伤职工本人提出解除劳动合同的，则由工伤保险基金支付一次性工伤医疗补助金，由用人单位支付一次性伤残就业补助金。

3.工伤经鉴定为伤残7至10级的。

（1）由工伤保险基金支付一次性伤残补助金。

伤残等级	一次性伤残补助金
7级	13×本人月工资
8级	11×本人月工资
9级	9×本人月工资
10级	7×本人月工资

（2）如劳动合同期满终止或者劳动者提出解除劳动合同的，由工伤保险基金支付一次性工伤医疗补助金，由用人单位支付一次性伤残就业补助金。

除上述各等级的针对性赔偿外，根据情况不同，工伤职工还可主张医疗费、护理费、残疾器具辅助费、停工留薪期工资等。

第 *84* 问

未成年工因工死亡的，谁有权利获得赔偿？
具体赔偿项目有哪些？

根据《工伤保险条例》第39条的规定，如果未成年工不幸因工死亡的，在用人单位已经为其缴纳工伤保险的情况下，该未成年工的近亲属可以获得相关赔偿，赔偿的项目主要有3项：（1）丧葬补助金；（2）供养亲属抚恤金；（3）一次性工亡补助金。以上赔偿项目如用人单位已经为该未成年工购买工伤保险的，从工伤保险基金领取；如用人单位没有为该未成年工缴纳工伤保险的，应当由用人单位承担赔偿责任。

根据《民法典》第1045条第2款的规定，近亲属包括配偶、父母、子女、兄弟姐妹、祖父母、外祖父母、孙子女、外孙子女。据此，死亡未成年工的父母、兄弟姐妹、祖父母、外祖父母等可以作为近亲属，有权获得其因工死亡的相关赔偿。

上述三项赔偿项目的具体计算方式如下。

1. 丧葬补助金为6个月的统筹地区上年度职工月平均工资。

2. 供养亲属抚恤金按职工本人工资比例按月发放，标准为：配偶每月40%，其他亲属每人每月30%，孤寡老人或孤儿每人每月在前述标准的基础上增加10%。

3. 一次性工亡补助金标准是上一年度全国城镇居民人均可支配收入的20倍。

第 85 问

未成年工个人提出工伤认定申请要提交哪些材料?

发生工伤后,在用人单位不为未成年工申请工伤认定的情况下,未成年工个人可以向人力资源和社会保障局申请工伤认定。认定的具体流程包括以下步骤。

1.申请人需要填写《工伤认定申请表》。

2.需要提交以下材料:

(1)伤者本人身份证复印件。

(2)伤者近亲属代为申请的,需要提交亲属关系证明。

(3)劳动合同、社保缴费记录、工资流水等与用人单位存在劳动关系的证明。

(4)医疗机构出具的受伤后诊断证明书、病历或者职业病诊断证明书(或者职业病诊断鉴定书)。

3.材料审核:社会保险行政部门在收到申请后,

会在15日内对提交的材料进行审核。如材料完整，社会保险行政部门决定受理的，出具《工伤认定申请受理决定书》；决定不予受理的，出具《工伤认定申请不予受理决定书》。

4.工伤认定：如果申请被受理，社会保险行政部门会进行工伤认定。工伤认定决定一般会在社会保险行政部门受理工伤认定申请之日起60日内作出，并出具《认定工伤决定书》或者《不予认定工伤决定书》。

5.伤者不服工伤认定的救济：职工或者其近亲属对不予受理决定不服或者对工伤认定决定不服的，可以依法申请行政复议，对于行政复议结果不服的，可以提起行政诉讼，也可以不经过行政复议，直接提起行政诉讼。

第 86 问

未成年工离职后，可以申领失业保险金吗？

　　未成年工离职后是否可以申领失业保险金，主要取决于是否满足以下条件：首先，需要按照规定参加失业保险，并且失业前所在单位和本人已按照规定缴费满1年；其次，非因本人意愿中断就业，具体包括终止劳动合同，被用人单位解除劳动合同，被用人单位开除、除名和辞退，依据《劳动合同法》第38条规定提出解除等情形，不包括因个人原因主动提出离职的情形；最后，需要办理失业登记，并有再求职的意愿。如果以上条件均满足，就可以申领失业保险金。

　　同时，如果未成年工在重新就业后再次失业，缴费时间将重新计算，领取失业保险金的期限与前次失业应当领取而尚未领取的失业保险金的期限合并计算。

失业保险金的具体标准和申领程序根据各省、自治区、直辖市的规定而有所不同。申领失业保险金可以通过国务院客户端小程序的电子社保卡进行办理。

法规之窗

《中华人民共和国社会保险法》

第四十五条 失业人员符合下列条件的，从失业保险基金中领取失业保险金：

（一）失业前用人单位和本人已经缴纳失业保险费满一年的；

（二）非因本人意愿中断就业的；

（三）已经进行失业登记，并有求职要求的。

《实施〈中华人民共和国社会保险法〉若干规定》

第十三条 失业人员符合社会保险法第四十五条规定条件的，可以申请领取失业保险金并享受其他失业保险待遇。其中，非因本人意愿中断就业包括下列情形：

（一）依照劳动合同法第四十四条第一项、第四项、第五项规定终止劳动合同的；

（二）由用人单位依照劳动合同法第三十九条、第四十条、第四十一条规定解除劳动合同的；

（三）用人单位依照劳动合同法第三十六条规定向劳动者提出解除劳动合同并与劳动者协商一致解除劳动合同的；

（四）由用人单位提出解除聘用合同或者被用人单位辞退、除名、开除的；

（五）劳动者本人依照劳动合同法第三十八条规定解除劳动合同的；

（六）法律、法规、规章规定的其他情形。

第 87 问

用人单位原因导致劳动者无法领取
失业保险金，该怎么办？

实践中，很多用人单位因在解除或者终止劳动关系时与劳动者发生纠纷，故意不出具相关证明，不向社会保险经办机构备案，或者备案称劳动者"因个人原因离职"，导致劳动者失业后不能领取失业保险金，造成损失。

此种情况劳动者可以选择通过申请劳动仲裁的方式，要求用人单位赔偿相关失业保险金的损失。

依据《社会保险法》《失业保险条例》的相关规定，用人单位应当在劳动关系解除或者终止后及时为劳动者出具解除或者终止劳动关系的证明，告知劳动者享受失业保险待遇的权利，并且需要在解除或者终止劳动关系之日起 7 日内，将离职劳动者的名单报社会保险经办机构备案。而劳动者在失业后，应持用人单位出具的解除或者终止劳动关系证明，及时到指定的社会保险经办机构办理失业登记。

仲裁委及法院在审理此类劳动争议纠纷案件时，判断用人单位是否应当向劳动者支付失业保险金损失的关键一般在于三个方面：一是劳动者是否符合领取失业保险金的条件；二是劳动者不能领取失业保险金是否为用人单位的原因导致的；三是劳动者的失业保险金是否还有可能再领取。

如果劳动者重新就业后再次失业的，领取失业保险金的期限可以与前次失业应领取而尚未领取的失业保险金的期限合并计算，但是最长不得超过24个月。此种情况下，仲裁委以及法院可能会以劳动者仍存在领取该次失业保险金的可能性，失业保险金的损失是否发生仍不能确定为由，不支持劳动者的相关诉求。

法律剧场

杨某2013年12月6日与A公司签订劳动合同，从事会计工作，合同期限自2014年1月15日至2019年1月14日。2016年12月6日，A公司为杨某开具《解除

（终止）劳动合同证明书》，解除（终止）理由为"严重失职、严重违反单位规章制度"。A公司在用人单位意见处盖章，杨某在劳动者本人意见处签字，同时签署"根本不存在"。

2016年12月27日，A公司在社会保险经办机构办理了杨某的劳动用工备案手续，载明备案事项为"解除"，变更原因及内容为"个人原因"，变更日期为2016年12月6日。

2017年11月，杨某向劳动人事争议仲裁委员会申请仲裁，请求A公司支付失业保险金29376元。劳动人事争议仲裁委员会对杨某的申请不予受理，杨某诉至法院。

法院审理认为，本案劳动关系的解除是由A公司提出的，理由为杨某严重失职、严重违反单位规章制度。而A公司在2016年12月27日办理杨某解除劳动合同备案时，原因写明系"个人原因"，并办理了杨某的社会保险转出手续，由此可以看出，杨某中断就业并非其本人意愿，符合领取失业保险金的条件。故认定系A公司原因致使杨某没有领取失业保险金，A公司应当赔偿杨某失业保险金损失。

第 88 问

未成年工申请劳动仲裁时应当
注意哪些时间限制?

未成年工申请劳动仲裁以及后续起诉至法院的过程中,应当注意以下几点时间限制。

1.仲裁时效

申请劳动仲裁是有时间限制的。根据《劳动争议调解仲裁法》《劳动人事争议仲裁办案规则》等规定,申请仲裁的时效期间为 1 年,仲裁时效期间从当事人知道或者应当知道其权利被侵害之日起计算。

对于用人单位拖欠劳动报酬的行为,未成年工因担心会对继续正常工作产生影响,不敢在在职期间提起劳动仲裁。所以,对于劳动关系存续期间因拖欠劳动报酬发生争议的情况,申请仲裁不受 1 年的仲裁时效期间的限制。但是,如果劳动关系解除或者终止的,应当自劳动关系解除或者终止之日起 1 年内提出仲裁申请。

需要注意的是，仲裁请求已经超过仲裁时效并不能成为劳动仲裁不被受理的理由，如果劳动仲裁委以此为由不受理仲裁申请，可以依据其开具的《不予受理通知书》，直接向有管辖权的法院起诉。另外，如果用人单位在仲裁阶段未提出超过仲裁时效期间的抗辩，劳动仲裁委作出实体裁决后，当事人在诉讼阶段又以超过仲裁时效期间为由进行抗辩的，人民法院不予支持。

2.起诉时限

未成年工申请劳动仲裁，最终收到的仲裁裁决书最后一段会有关于起诉期限的说明，如"当事人如不服本裁决，可自收到本裁决之日起十五日内，向有管辖权的人民法院起诉，期满不起诉，本裁决即发生法律效力"，未成年工如果不服仲裁裁决结果的，一定要在收到裁决书当天开始15日内准备好材料向法院起诉，否则一旦超过该期限，劳动仲裁裁决书即生效，很难再通过其他方式改变。

上诉时限类似于起诉时限，一般向法院起诉后便启动了一审诉讼程序，法院作出判决后会向双方送达判决书，判决书的末尾同样有关于上诉时限的说明，一般情况下也是15日，如果未成年工对一审判决的内容仍然不服的，需要在15日内将上诉状提交至一审法院，否则一审判决即生效。

法规之窗

《中华人民共和国劳动争议调解仲裁法》

第二十七条　劳动争议申请仲裁的时效期间为一年。仲裁时效期间从当事人知道或者应当知道其权利被侵害之日起计算。

前款规定的仲裁时效，因当事人一方向对方当事人主张权利，或者向有关部门请求权利救济，或者对方当事人同意履行义务而中断。从中断时起，仲裁时效期间重新计算。

因不可抗力或者有其他正当理由，当事人不能在本条第一款规定的仲裁时效期间申请仲裁的，仲裁时效中止。从中止时效的原因消除之日起，仲裁时效期间继续计算。

劳动关系存续期间因拖欠劳动报酬发生争议的，劳动者申请仲裁不受本条第一款规定的仲裁时效期间的限制；但是，劳动关系终止的，应当自劳动关系终止之日起一年内提出。